Samenkorn

Aus Dankbarkeit Gott gegenüber, der mir Elisabeth als geduldige und liebende Ehefrau schenkte und mit ihr unsere Kinder Bernice, Thirza, Leah, Benedict, Tabitha und Lucas. Sie entbehrten mich bereitwillig für die Erstellung dieses Buches und nahmen in Kauf, dass neben der verminderten persönlichen Zuwendung manche Dinge in Haus und Heim liegen blieben. Zudem trug jeder sein Scherflein dazu bei, den Inhalt des Buches zu verbessern.

Dr. Eduard Freitag

Du kennst die Schrift von Kindheit an

Die geistliche Erziehung von Säuglingen und Kleinkindern

Dr. Eduard Freitag

Du kennst die Schrift von Kindheit an

Die geistliche Erziehung von
Säuglingen und Kleinkindern

Bibelzitate werden, wenn nichts anderes vermerkt,
der Lutherübersetzung 1912 entnommen

1. Auflage 2019 3.000 Stück

Samenkorn e.V.
christliche Schriften- und Liederverlag
Liebig Str. 8
33803 Steinhagen
Germany

ISBN: 978-3-86203-236-5

INHALT

VORWORT

In der heutigen Zeit werden die moralischen Maßstäbe Gottes immer mehr vernachlässigt oder gar verachtet. Da wir ein Teil dieser Gesellschaft sind, stehen wir in der Gefahr, von diesen Maßstäben geformt zu werden. Weil Erwachsene oft schon einen eigenen festen Stand haben, können sie eher nach ihren – vor allen Dingen christlichen – Überzeugungen leben als Kinder, welche oft noch keinen eigenen Stand haben. Sie sind von der Meinung Erwachsener abhängig und werden von ihnen geprägt. Es ist bekannt, dass eine Gesellschaft ihre veränderten Maßstäbe am ehesten durch die neue Prägung der Kinder erreichen kann, denn diese sind leichter zu beeinflussen als Erwachsene. Man braucht dann nur noch eine Weile zu warten, bis entweder die Kinder ihre Eltern beeinflussen oder die ehemals kleinen Kinder selbst Familien haben und an den Schaltstellen der Gesellschaft angekommen sind, um von dort die Gesellschaft nachhaltig zu verändern.

Die Tatsache einer frühen Prägung wollen wir jedoch nicht nur als Gefahr, sondern für gottesfürchtige Eltern[1] als eine außerordentlich gute Gelegenheit ansehen und sie entsprechend nutzen. Dabei geht es nicht in erster Linie um die Vermittlung moralischer Maßstäbe, sondern um die Vermittlung des Wortes Gottes. In diesem Buch wird der Frage „Wann beginnt die geistliche Erziehung?“ nachgegangen.

Es werden viele Bibelstellen untersucht – mit dem Ergebnis, dass Gott deutlich mehr über Kinder sagt, als zunächst vermutet werden

1 Wenn im Text die Eltern erwähnt werden, sind damit zunächst die tatsächlichen Eltern gemeint, im weiteren Sinne aber alle Personen, welche an der Erziehung der Kinder mitwirken, wie z.B. Großeltern oder Sonntagsschullehrer.

könnte. Die behandelten Themen werden mit der Überzeugung, dass das Wort Gottes die höchste Wirkung und Überzeugungskraft hat, biblisch begründet. Deshalb wird auf sehr viele Bibelstellen Bezug genommen und weitere werden aufgelistet. Diese können vom Leser als zusätzliche gewinnbringende Studienhilfe genutzt werden. Ergänzend hierzu wird am Ende des Buches ein Bibelstellenverzeichnis aufgelistet.

Während der Vorbereitungen wurde ich besonders in der Endphase von verschiedenen Glaubensgeschwistern auf bestimmte Aspekte der geistlichen Erziehung aufmerksam gemacht, wofür ich allen dankbar bin. Besonders danke ich Gott, dass er mir durch Peter Enns nicht nur viele ideelle Anstöße gab, sondern mich auch auf einige wertvolle alte Werke von Jakob Kröker, Andrew Murray und Heinrich Christian Zeller hinwies, welche sich ebenfalls mit dem geistlichen Leben in der Familie beschäftigen. Gott selbst machte mich in der Zeit auf einige in meiner Bibliothek schlummernden Werke aufmerksam, welche bereichernde Gedanken enthielten. Manche ältere Geschwister gaben mir Rat und bestätigten viele der gewonnenen Eindrücke. Der größte Dank gilt jedoch unserem himmlischen Vater, der immer wieder Kraft und Mut geschenkt hat, um dieses vor fünf Jahren begonnene Werk fertigzustellen.

Von Herzen bin ich Gott für meine Schwester Lydia dankbar, welche sich viel Zeit genommen hat, um die Sprache in eine gut leserliche Form zu bringen. Andere Freunde standen ebenfalls mit Rat und Tat zur Seite. Auch haben Mitarbeiter des Verlags keine Mühe gescheut, um das Werk zu vollenden.

Das Schreiben dieses Buches wurde für mich selbst zu einer geistlichen Erfahrung. Denn manche geistlichen Überzeugungen wurden von mir bislang nicht konsequent zu Ende gedacht und folglich auch nicht angewandt. Wiederholt bin ich beim Schreiben auf die Knie gegangen, um vor Gott Buße über mein Versagen an den eigenen Kindern zu tun. Mein Gebet ist, dass Gott in seiner Gnade und Barmherzigkeit das Versäumte gutmacht.

Manch Seufzer entrang sich meinem Herzen, als sich Gedanke um Gedanke zu einem immer klareren Bild vervollständigten. Nicht nur einmal rief mein Herze aus: „Ach, hätt´ ich´s eher nur gewusst!“[2] Damit die heutigen Generationen in Zukunft nicht dem gleichen Herzensschrei ausgesetzt sind, ist mein inniges Gebet, dass dieses Werk eine segensreiche Ermutigung wird, die Kinder bereits in jungem Alter zu Jesus Christus zu führen oder in ihrem Herzen zumindest ein Fundament zu legen, welches es ihnen später erleichtern soll, Jesus Christus als ihren Retter und auch als ihren Herrn anzunehmen.

Dieses Buch ist Teil einer Reihe von Büchern, die das geistliche Leben in unseren Familien stärken sollen. Weitere Bücher, auch die Wiederbelebung alter Werke, sind hierzu vorgesehen.

Der Fragebogen im Anhang stellt eine Möglichkeit dar, sein bisheriges Erziehungshandeln zu überprüfen. Es ist empfehlenswert, den Fragebogen – der an den perforierten Stellen herausgetrennt werden kann – vor dem Lesen des Buches auszufüllen und diesen nach dem Lesen erneut durchzugehen. Der Bogen kann auch gerne kopiert werden. Wir wären dankbar, wenn der ausgefüllte Bogen zur Auswertung – gerne auch anonym – an den Verlag gesandt wird.

2 Dieser Ausruf ist ein Anlehnung an eine Zeile aus dem Lied „Im Glauben seh ich Jesus sterben“ von Richard Jukes. Dort heißt es im deutschen Original:“O, hätt ich´s eher nur gewusst!“

Joel 2,16:

„… bringet die jungen Kinder und die Säuglinge …“

I. EINLEITUNG

A. ALLGEMEINES

Wer freut sich nicht über eine intakte Familie, in welcher sich der Vater und die Mutter gut verstehen und liebevoll miteinander umgehen? Eine Familie, in der die Kinder und Eltern aufeinander Rücksicht nehmen und sich gegenseitig mit Achtung und Würde gegenübertreten, ist sicher erstrebenswert. Es gibt diesen Familientyp immer noch, und das darf uns froh machen. Denn wir erleben in der heutigen Zeit, dass das alte und von Gott gegebene Familienbild immer stärker angegriffen wird. Das Ziel verschiedener gesellschaftlicher Gruppen ist deren Zerstörung. Das, was von der Schöpfung an über Jahrtausende hinweg weitgehend konsequent gelebt wurde, hat in der heutigen modernen Zeit deutlich an Bedeutung verloren. Zwar ist nicht grundsätzlich jede Änderung in der Gesellschaft schlecht. Da jedoch in diesem Fall mit dem neuen Ehe- und Familienverständnis göttliche Maßstäbe aufgegeben werden, sind diese Änderungen als tragisch zu bezeichnen. Gott selbst hat die Menschen *„als Mann und Frau"* (1. Mose 1,27) geschaffen und nach seinem Plan bereits kurz nach der Erschaffung der ersten Menschen die Ehe begründet. Dieser Plan Gottes ist nicht an eine bestimmte Zeit gebunden und wurde über mehrere tausend Jahre angenommen und weitgehend gelebt. In den letzten Jahrhunderten durchlebte jedoch gerade die westliche Welt einen Sturm an ideologisch motivierten Protestwellen (als Beispiele seien nur die Aufklärung, die „wilden Zwanziger"[3] und die 68-er Studentenrevolte genannt).

---

3 Damit sind die Jahre von etwa 1920-1925 gemeint. Nach dem ersten Weltkrieg wurden viele bis dahin gültige Maßstäbe über Bord geworfen. Die Frauen drängten mit Macht aus den Häusern in die Arbeitswelt. Die Versorgung der Familie wurde zunehmend nicht mehr als Erfüllung ange-

Wer heute ernsthaft nach dem Willen Gottes fragt, darf sich immer weniger an der aktuellen Gesellschaft und deren Normen orientieren, sondern steht vor der großen Herausforderung, sich an dem göttlichen Wort – der Bibel – als definitive Wahrheit auszurichten. Da wir in einer überwiegend gottlosen Welt leben, wird es in vielen Fällen dazu kommen, dass mit der Umsetzung der göttlichen Maßstäbe, ob gewollt oder ungewollt, eine gewisse Sonderstellung der bibeltreuen Christen entsteht und auch entstehen muss. Nun besteht dieses Spannungsfeld nicht nur in der heutigen Zeit, dieses gibt es letztlich seit der Schöpfung der Menschen. Denken wir nur an den Sündenfall, bei welchem Adam sich während der Diskussion der Schlange mit Eva in der Nähe aufhielt[4], aber nicht einschritt und sich nicht zum göttlichen Gebot bekannte (1. Mose 3,6). Auch im Neuen Testament wird dieses Spannungsfeld immer wieder beschrieben. Denken wir nur an die warnende Stelle im Römerbrief 12,2: *„Stellet euch nicht dieser Welt gleich, sondern werdet verwandelt durch die Erneuerung eurer Gesinnung [...]"* (nach SL 2000).

Wenn wir also nach dem Willen Gottes fragen, werden wir zwangsläufig in einem Spannungsfeld zwischen dem gesellschaftlichen Standard und dem göttlichen Willen stehen. Es ist aber auch vollkommen klar, dass mit dem fortschreitenden Aufgeben göttlicher Prinzipien dieses Spannungsfeld kleiner wird. Entschlossene Nachfolger Jesu Christi werden sich jedoch um jeden Preis am Wort Gottes orientieren und damit ihr Leben nach dem göttlichen Willen ausrichten. Dabei bleiben auch unter Berücksichtigung veränderter Lebensgewohnheiten die moralischen Werte und Prinzipien erhalten.

---

sehen. Nicht überraschend ist, dass in dieser folgenreichen Protestzeit als sichtbares Zeichen der neuen Rolle und des neuen Selbstbewusstseins nach langer Abwehr aktuell auch in den christlichen Familien die Frauen auf Kosten der eigenen Familie zunehmend in die Berufswelt drängen und allmählich an verschiedenen Stellen Führungsrollen übernehmen. Parallel zu dieser neuen Gesinnung änderte sich damals das äußere Erscheinungsbild der Frau. So wie damals in den „wilden Zwanzigern" plötzlich knielange Kleidung, Make-up und andere Maßstäbe als normal angesehen wurden, sind diese und andere unbiblische Positionen heute leider auch in bibeltreuen Gemeinden immer häufiger anzutreffen. Das äußere Erscheinungsbild lässt meist Rückschlüsse auf die Gesinnung zu.

4 Die Schlachter 2000 übersetzt es hier präziser als Luther: *„[...] sie gab davon auch ihrem Mann, der bei ihr war [...]"*. Die revidierte Elberfelder übersetzt: *„[...] sie gab auch ihrem Mann bei ihr [...].*

Die Bezeichnung dieses Buchtitels ist an sich schon eine besondere Herausforderung und kann ohne weitere Beschreibung einen Denkprozess auslösen. Genau das ist mit der ungewöhnlichen Formulierung auch beabsichtigt. Uns ist die Notwendigkeit der Erziehung gut bekannt, und wir ringen vor Gott um eine richtige **Erziehung** der Kinder in den Elternhäusern, aber auch in den Bereichen des gemeindlichen Lebens, in denen wir mit Kindern zu tun haben.

Doch es geht uns nicht nur um eine richtige Erziehung, denn diese streben auch Menschen an, welche Christus nicht als ihren Herrn kennen. Sicher können bei guten Wertvorstellungen der Eltern auch Kinder aus nichtchristlichen Familien eine sehr gute charakterliche Prägung erfahren. Beim genaueren Hinsehen wird jedoch schnell festzustellen sein, dass diese Tugenden letztlich doch den Prinzipien und den Werten der Heiligen Schrift entnommen sind, auch wenn den Erziehern das nicht immer bekannt ist.

Wir streben eine **geistliche Erziehung** an. Diese Erziehungsrichtung beinhaltet sicherlich eine pädagogisch richtige und gelungene Erziehung. Letztlich geht es aber um mehr. Es geht um eine Erziehung nach den Prinzipien Gottes, die zu einem gottesfürchtigen Denken und Leben führt.

Das Interessante an dieser Thematik ist jedoch nicht so sehr dieser Sachverhalt, denn darüber sind schon viele mehr oder weniger gute Bücher geschrieben worden. Uns geht es um die Fragestellung, wie weit schon Kinder im Säuglings- und Kleinkindalter geistlich erzogen werden können, bzw. wann die geistliche Erziehung beginnt.

Zur Erinnerung: Das Säuglingsalter ist als Zeit von der Geburt bis zum Ende des ersten Lebensjahres definiert, das Kleinkindalter erstreckt sich vom ersten Geburtstag bis zur Einschulung (ca. 6. Lebensjahr), danach werden die Kinder als Schulkinder bezeichnet. Diese Ausarbeitung wird also insbesondere die geistliche Erziehung der Kinder in den ersten sechs Lebensjahren betrachten. Meine anfänglichen Bedenken, in der Bibel zu dieser Thematik nicht viel finden zu können, haben sich als vollkommen unnötig erwiesen. Diese biblischen Aussagen werden wir nun heranziehen.

Den ideellen Anstoß zu dieser Thematik erhielt ich, als ein jugendlicher Bruder beiläufig erwähnte, dass in manchen christlichen Kreisen Kinder sich im Allgemeinen in jüngerem Alter bekehren als in anderen. Diese Bemerkung rief in mir einen Sturm an Gedanken hervor, der ein intensives Erforschen der Bibel zu dieser Thematik auslöste.

Es ist gut möglich, dass manche der heute altgewordenen Väter und Mütter in ihrer großen Gottesfurcht und aus der innigen Beziehung zu ihrem himmlischen Vater schöpfend, in der Vergangenheit viele der in diesen Ausführungen erwähnten Aspekte bei der Erziehung ihrer Kinder angewandt haben. Möglicherweise geschah dies, ohne dass sie es bewusst getan haben. Aber ihr Glaubensleben hat in ihrer Familie eine Atmosphäre der heiligen und liebenden Gegenwart Gottes erzeugt und auf die Kinder einen nachhaltigen Eindruck hinterlassen. Wir benötigen nicht in erster Linie psychologisch oder pädagogisch ausgerichtete Erziehungsbücher. Wir benötigen eine Hingabe des Herzens an den allmächtigen und weisen Gott, der uns unter betendem Ringen um die Fragen der Erziehung Wegweisung geben wird. Darüber hinaus sind der Bibel entnommene Ratschläge sowie Mitteilungen erfahrener Eltern sicherlich ergänzende Hilfestellungen.

In der heutigen Zeit haben sich viele gesellschaftliche Normen gewandelt, was leider nicht ohne Auswirkung auf das Denken besonders der mittleren und jungen Generation bleibt. Unsere Aufgabe ist es nun, von der Schrift her die Notwendigkeit der geistlichen Denk- und Handlungsweise wieder hervorzuheben und damit einen Kontrast zu der immer gottloser werdenden Gesellschaft zu schaffen. Das höchste Ziel ist jedoch, durch das Erziehungshandeln das Wohlgefallen Gottes zu erlangen.

Unsere große und schwer zu erfüllende Aufgabe ist es, das Herz zu bewahren (Sprüche 4,23). Vieles wird sich lösen lassen, wenn unser eigenes Herz behütet und auf Gott ausgerichtet ist. In manchen Fällen wird eine dann noch notwendige Korrektur gut oder zumindest leichter möglich sein. Ebenso ist es die Aufgabe Erwachsener, besonders der Eltern, das Herz der Kinder zu behüten. Diese Ausarbeitung soll dazu einige Hilfestellungen bieten.

B. BEDEUTUNG DER FRÜHEN KINDLICHEN ERZIEHUNG

In säkularen Kreisen ist schon längst verstanden worden, dass die Kinder bereits in sehr jungem Alter gefördert werden sollten, um die Entwicklung des Kindes möglichst gut unterstützen zu können. So beginnt die musikalische Früherziehung beispielsweise meist schon im Alter von vier bis sechs Jahren. Da die Kinder in ihren Elternhäusern immer weniger gefördert werden, sieht die Politik eine große Notwendigkeit, diverse Institutionen zu schaffen, welche die Kinder bei Entwicklungsproblemen in ihrer Entwicklung fördern sollen. So sind in letzter Zeit immer mehr Frühförderzentren (die unter regional unterschiedlichen Namen laufen) etabliert worden. Die dort beschäftigten Mitarbeiter haben heutzutage die Aufgabe, auffällige Kinder in ihrer sprachlichen, motorischen oder emotionalen Entwicklung zu fördern und die Eltern bei Verhaltensproblemen zu unterstützen. Wir beobachten, dass häufiger werdende Entwicklungsstörungen eine zunehmende Zahl an Logopäden und Ergotherapeuten nach sich ziehen.

In anderen Bereichen sollen die Kinder ebenfalls möglichst von Anfang an in ihrer Entwicklung gelenkt werden. So formuliert zum Beispiel der Koalitionsvertrag der Thüringer Rot-Rot-Grünen Landesregierung vom 20.11.2014 unter dem Unterpunkt Bildung: „Die Zusammenarbeit zwischen schulischen und außerschulischen Einrichtungen werden wir verbessern. Der Ausbau von kommunalen Bildungslandschaften soll weiter vorangetrieben werden. Die Koalition wird den Thüringer Bildungsplan **von null bis 18 Jahre** (Hervorhebung durch den Autor) auch unter Berücksichtigung der Gleichstellung von sexueller Orientierung und geschlechtlicher Identität fortschreiben.“[5]

Entsprechend dieser inhaltlichen Ausrichtung formuliert das Kita-Handbuch: „*Abschließend soll noch einmal die hohe Bedeutung der Genderfrage betont werden. In der pädagogischen Arbeit sollte dieses Themenfeld kein Randthema darstellen, sondern sich als pädago-*

5 https://www.die-linke-thueringen.de/fileadmin/LV_Thueringen/dokumente/r2g-koalitionsvertrag-final.pdf. S. 48.

gisches Grundlagenwissen durch alle Bildungsbereiche und Konzepte ziehen."[6]

Es gibt immer mehr Veröffentlichungen, in welchen sich die Autoren offen und konkret für die Berücksichtigung der Gender-Thematik in den Kindergärten aussprechen und damit bewusst auch das Alter unter drei Jahren ansprechen. Begriffe wie „geschlechterbewusste Pädagogik im Kindergarten"[7] klingen neutraler als „Gender" und werden immer häufiger benutzt.

In den Kindergärten kommen immer häufiger „Doktorspiele" vor, bei denen fremde Kinder sich gegenseitig ausziehen, um den Körper des anderen Geschlechts zunehmend unter Einschluss der Intimgegend kennenzulernen.

Diese wenigen Beispiele, welche fast beliebig erweitert werden könnten, zeigen, wie wichtig in der säkularen Welt eine besonders frühe Prägung der Kinder angesehen wird. Es ist längst verstanden worden, dass sich eine frühe Formung deutlich nachhaltiger im Leben der Kinder und nachfolgend auch im Erwachsenenalter bemerkbar macht, als eine späte. Hier soll ein positives Beispiel erwähnt werden: Bekannt wurde ein elfjähriger Junge, welcher wegen seiner extrem ausgeprägten Backkünste als „Max, der Tortenmeister" bezeichnet wurde. Eine Zeitung berichtet: „Max ist also quasi neben der Backschüssel (seiner Mutter - *Anmerkung des Autors*) aufgewachsen. Bereits als Zweijähriger durfte er Teig rühren. Das prägt."[8]

In den letzten Jahren wurden in meiner Kinderarztpraxis viele Eltern auf eine frühkindliche Erziehung und eine möglichst frühe Förderung ihrer Kinder angesprochen. Da die meisten meiner Patienten und deren Eltern Nichtchristen[9] sind, ging es dabei gewöhnlich um Hinweise auf die allgemeine Entwicklung der Sprache, der Motorik usw. Einige Male gaben mir die Eltern später eine Rückmeldung und bestätigten, dass die frühe Förderung die Entwicklung der Kinder

---

6 http://www.kindergartenpaedagogik.de/2175.html.

7 Rohrmann, Tim. Gender im Kontext der Arbeit mit Kindern in den ersten drei Lebensjahren.

8 Max der Tortenmeister. Gießener Allgemeine vom 17.04.2019, S. 33.

9 Unter Christen werden im biblischen Sinne nicht Menschen gemeint, welche sich zu einer bestimmten Konfession bekennen, sondern diejenigen, die eine persönliche Beziehung zu Jesus Christus haben. Folglich sind alle anderen – unabhängig von einer Kirchenzugehörigkeit – Nichtchristen.

tatsächlich positiv beeinflusst habe. Ein Vater schilderte mir bei der Vorsorgeuntersuchung U7[10], dass sie als Eltern die Hinweise auf eine intensive Früherziehung gleich in den ersten Lebenswochen umgesetzt hätten und dieses Kind jetzt besonders weit entwickelt sei, so dass auch die Umgebung sich darüber wundere. Der Vater sagte mir: „*Das war der beste Ratschlag, den ich je gehört habe.*" Natürlich freut mich dies. Zugleich ergeben sich allein durch dieses Beispiel schon erste Hinweise darauf, dass eine extrem frühe und intensive geistliche Erziehung die geistliche Entwicklung der Kinder nachhaltig zum Guten beeinflusst. Darüber sollten wir uns sogar mehr freuen als über alle anderen positiven Entwicklungen des Kindes. Jakob Kröker formuliert es in Anlehnung an den vierten Vers aus dem 3. Johannesbrief folgendermaßen: „*Es gibt keine größere Freude für die Eltern, als wenn sie sehen dürfen, dass ihre Kinder in der Furcht Gottes wandeln, ihren Schatz in Christus haben, ihre Freude im Dienst der Liebe finden und ein Leben des Gehorsams und der Überwindung führen.*"[11]

10 Diese wird im Alter von knapp zwei Jahren durchgeführt.

11 Kröker, Jakob.

II. WAS IST ERZIEHUNG?

Bevor wir uns dem eigentlichen Thema zuwenden, ist es sicher notwendig, den Begriff Erziehung zu erklären. Nach Wahrig ist Erziehung eine „planmäßige und zielvolle Einwirkung auf junge Menschen, um sie mit all ihren Fähigkeiten und Kräften geistig, sittlich und körperlich zu formen und zu verantwortungsbewussten und charakterfesten Persönlichkeiten heranzubilden".[12] Unter dem Stichwort „erziehen" wird im selben Werk folgende Definition gegeben: „durch Einwirkung und Vorbild lenken, leiten, ausbilden"[13].

Die Erziehung beinhaltet also nicht nur eine Belehrung, sondern auch eine Führung und eine intensive Prägung mit einem gewissen Ziel. Für entschiedene Christen ist es das Ziel, die Kinder zum Herrn Jesus zu führen und sie auf einen demütigen und hingebungsvollen Dienst für Jesus Christus vorzubereiten.

A. ERZIEHUNG IM ALTEN TESTAMENT

Im Alten Testament wird das Wort „erziehen" an verschiedenen Stellen direkt verwendet. Zudem gibt es eine ganze Reihe von Bibelstellen, in denen von Erziehung die Rede ist, obwohl das Wort selbst nicht verwendet wird. So ist zum Beispiel in Psalm 4,4 von der wunderbaren Führung oder Leitung Gottes die Rede (vgl. auch Nehemia 13,18; Psalm 31,4; 77,21; Sprüche 3,6). Im Folgenden werden einzelne alttestamentliche Begriffe näher erläutert:

12 Wahrig, S. 438.

13 Wahrig, S. 438.

1. „*gadal*“ (hebr. גָּדַל)[14]

Das Wort „***gadal***“ meint nicht nur das Erziehen, sondern auch das Großziehen und hängt mit der Bedeutung des Flechtens, des Zusammendrehens und Festdrehens im Sinne von „*stark sein*“ oder „*stark machen*“ zusammen. Gott erzieht sein Volk (Jesaja 1,2), auch Menschen ziehen Kinder groß (2. Könige 10,6; Jesaja 51,18; Hosea 9,12). Das Verb hängt eng mit dem Adjektiv „*gadol*“ (groß) zusammen. Dieses Verb wird 115 Mal im Alten Testament erwähnt.

2. „*rabah*“ (hebr. רָבָה)[15]

Das andere Wort für Erziehung lautet „***rabah***“ und schließt den Gedanken von Versorgen, Ernähren und Wachsen mit ein. Gott hat sein Volk erzogen (Klagelieder 2,22), es groß werden lassen wie eine Pflanze (Hesekiel 16,7), Tierkinder werden groß (Hiob 39,4) und erzogen (Hesekiel 19,2). Das Verb wird 230 Mal im Alten Testament erwähnt und schließt die Vermehrung mit ein.

3. „*jasar*“ (hebr. יָסַר)[16]

Ein anderer Wortstamm beinhaltet das Verb „***jasar***“ bzw. das Substantiv „***musar***“ (hebr. מוּסָר)[17]. Es meint eine Erziehung im Sinne des Ermahnens und Zurechtweisens unter Einbeziehen von Strafen (z.B. 5. Mose 8,5; Psalm 6,2; Sprüche 1,2). Die Erziehung geht von Menschen, aber auch von Gott aus. Dieses Verb wird im Alten Testament 43 Mal, das Substantiv 50 Mal erwähnt.

4. „*chanak*“ (hebr. חָנַךְ)[18]

Ein nur fünf Mal im Alten Testament erwähntes Wort ist „***chanak***“ und wird beispielsweise in Sprüche 22,6 mit erziehen oder gewöhnen übersetzt. Damit ist gemeint, dass eine frühe Prägung eine lebenslange Gewohnheit erzeugt. Die Erziehung bewirkt ein Gewöhnen an bestimmte Reaktionen, Verhaltensweisen usw. Diese hat das

---

14 Gesenius, S. 201.
15 Gesenius, S. 1212f.
16 Gesenius, S. 473.
17 Gesenius, S. 644.
18 Gesenius, S. 372.

Ziel, dass die Kinder gewisse Tugenden später aus freiem Entschluss ausüben.

Auch Begriffe wie *„einschärfen“* (5. Mose 6,7) meinen die Erziehung, deren Ergebnis später noch erkennbar ist, selbst wenn dies damit nicht wörtlich ausgedrückt wird. Mit diesem Wort ist die Erziehung durch das prägende Wort Gottes gemeint. Zudem wird an vielen Stellen des Alten Testamentes darauf verwiesen, dass Eltern bzw. Väter ihren Kindern die Geschichten von Gottes Führungen erzählen sollen, was ebenfalls ein Teil der Erziehung ist.

B. ERZIEHUNG IM NEUEN TESTAMENT

Im Neuen Testament werden verschiedene Begriffe im Zusammenhang mit der Erziehung verwendet, von denen hier einige erwähnt werden sollen.

1. „paideia“ (griech. παιδεία)

„Paideia“ meint als Substantiv Erziehung, Unterweisung und Zurechtweisung (Epheser 6,4; Hebräer 12,5.7.8.11). Das Ergebnis der Erziehung ist der Zustand des Erzogenen. In 2. Timotheus 3,16 wird der Begriff mit der Gerechtigkeit in Verbindung gebracht (Züchtigung[19] oder Erziehung[20])[21].

Dieser Begriff bezeichnet ein vollständiges Training und Erziehung der Kinder unter Einschluss der Gesinnung und der Moral und schließt die Sorge und die Pflege des Körpers mit ein[22]. Dies geschieht unter anderem durch die Korrektur der Fehler, das Zügeln der Gefühle und beeinflusst den Charakter.

Nach Kittel meint *„paideia“* die Aufzucht und Behandlung des Kindes, das in die Welt des Erwachsenen hineinwächst und dazu einer Führung, Lehre, Unterweisung und eines gewissen Zwanges, einer Zucht oder sogar Züchtigung bedarf. *„Paideia“* ist der zurückzulegende Weg der Erziehung und Bildung, aber auch das zu erreichen-

19 Nach Luther 1912.

20 Nach Schlachter 2000.

21 Bauer, S. 1222.

22 http://bibeltext.com/greek/3809.htm.

de Ziel.[23] Dieses Wort ist somit ein sehr umfassender Begriff für die Erziehung.

2. „*paideuo*" (griech. παιδεύω)

„*Paideuo*" als Verb meint erziehen aber auch unterweisen und bilden (wie z.B. Mose nach Apostelgeschichte 7,22). Dieser Begriff schließt das Anleiten und Zurechtweisen (2. Timotheus 2,25) aber auch das Züchtigen mit ein (Hebräer 12,6 u.a.)[24]. Als Jesus Christus vor Pilatus stand, wollte dieser Ihn im Sinne eines Auspeitschens „erziehen" lassen (Lukas 23,16.22). Paulus saß zu den Füßen Gamaliels und wurde von ihm durch Unterweisen oder Belehren „erzogen" (Apostelgeschichte 22,3). Wer am Abendmahl in unwürdiger Weise teilnimmt, wird vom Herrn erzogen, wobei hier die Strafe gemeint ist (1. Korinther 11,32). Hymenäus und Alexander sollten durch Strafe dahin gebracht werden, „*nicht mehr zu lästern*" (1. Timotheus 1,20). Weitere Bibelstellen mit diesem Begriff sind beispielsweise 2. Korinther 6,9; Hebräer 12,6.7; 12,10; Offenbarung 3,19.

3. „*ektrepho*" (griech. ἐκτρέφω)

„*Ektrepho*" wird zweimal als Verb benutzt (Epheser 5,29; 6,4). Es setzt sich aus den Worten „*ek*" (aus, heraus) und „*trepho*" (ernähren, füttern) zusammen und meint ein intensives Ernähren bis zur Reife[25]. Dieses Verb beinhaltet aber nicht nur ein Aufziehen oder Großziehen als Ergebnis der intensiven physischen Ernährung, sondern ebenso auch das Erziehen eines Kindes[26].

Zusammenfassung:

Die Erziehung nach biblischem Verständnis beinhaltet das Großwerden von Kindern, welche aber zugleich eine Formung und damit eine Voraussetzung für das gottesfürchtige Leben erhalten. Sie werden stark für das Kommende gemacht. Nach dem zur Zeit des Neuen Testamentes vorherrschenden Verständnis gehörte zu einer normalen Entwicklung eine gleichförmige und gesunde körperliche

---

23 Kittel, S. 596.

24 Bauer, S. 1222.

25 http://bibeltext.com/greek/3809.htm.

26 Bauer, S. 498.

und geistige Entwicklung verbunden mit der Entwicklung angesehener Tugenden. Die Beschreibungen über die Entwicklung von Johannes dem Täufer und Jesus Christus nehmen offenbar Bezug auf diese Denkweise. Die folgenden Zitate beschreiben das Wachstum von beiden zwar sehr knapp, aber doch sehr klar. Interessanterweise wird die Entwicklung von Samuel ähnlich beschrieben (1. Samuel 2,26).

1. Johannes der Täufer: *„Und das Kindlein[27] wuchs und ward stark im Geist; und er war in der Wüste […].“* (Lukas 1,80) Diese Bibelstelle drückt unmissverständlich die Einheit des physischen und geistlichen Prozesses aus.

2. Jesus Christus: *„Aber das Kind[28] wuchs und ward stark im Geist, voller Weisheit, und Gottes Gnade war bei Ihm.“* (Lukas 2,40)

„Und Jesus nahm zu an Weisheit, Alter, Gnade bei Gott und den Menschen.“ (Lukas 2,52)

Die zuletzt genannten beiden Bibelstellen schildern eine gleichmäßige Fortentwicklung des Körpers, Geistes und des geistlichen Lebens. Diese parallele Entwicklung ist gerade in unserer heutigen Zeit von großer Bedeutung. Oft wird auf eine gesunde physische und geistige Entwicklung mehr Wert gelegt als auf eine geistliche. Das Ergebnis sind dann Menschen, welche zwar viel wissen, aber kaum Bezug zum praktischen geistlichen Leben haben und somit in ihrer Brauchbarkeit für das Reich Gottes nur eingeschränkt zur Verfügung stehen. Deshalb sollten wir sehr darum bemüht sein, uns neben der allgemeinen Förderung der Kinder besonders stark der Förderung des geistlichen Lebens zuzuwenden.

---

27 Griech. *paidion*, damit ist Johannes der Täufer gemeint.

28 Ebenfalls *paidion*. Vom Kontext her ist Jesus Christus gemeint.

III. BIBLISCHE BEGRIFFE (WORTSTUDIUM)

Da uns das jüdische Denken im Allgemeinen nicht sehr geläufig ist, sollen an dieser Stelle einige mit der Bedeutung „Kind“ in Zusammenhang stehende Begriffe des Alten und Neuen Testamentes in ihrer ursprünglichen Bedeutung erläutert werden. Dabei werden zum Selbststudium zusätzliche Bibelstellen angegeben. Die differenzierte Betrachtungsweise wird uns aufzeigen, dass die Bibel von sehr kleinen, aber auch von größeren Kindern spricht. Oft gelingt es bereits anhand der benutzten Begriffe, sich ungefähre Informationen über das Alter der Kinder zu erschließen. Dieser Abschnitt zeigt, dass nach dem Zeugnis der Heiligen Schrift Kinder bereits in sehr jungem Alter an den biblischen Glauben herangeführt werden. Diese kurze Zusammenstellung kann und will keine vollständige Darstellung der Begriffe sein, sondern stellt lediglich die wichtigsten in der Bibel benutzten Worte in knapper Form vor. Dabei werden nicht alle Bibelstellen erwähnt, in welchen die Begriffe vorkommen. Dies würde den Rahmen des Buches sprengen. Auf diese Begriffe wird im weiteren Verlauf immer wieder Bezug genommen.

A. DAS KIND IN ALTTESTAMENTLICHER BESCHREIBUNG

1. Gestillte (janak, hebr. יָנַק)

Das Wort „*janak*“ wird für das Stillen, für **Gestillte,** aber auch für Ammen benutzt, welche natürlicherweise stillen.[29] Die Bedeutung erschließt sich bei der jeweiligen Bibelstelle aus dem Zusammen-

29 Gesenius, S. 470.

hang. In Bezug auf Kinder sind damit eindeutig noch gestillte gemeint (z.B. 5. Mose 32,25; 1. Samuel 1,23; 22,19; Psalm 8,3; Jesaja 11,8; Klagelieder 2,11; Jeremia 44,7; Joel 2,16). Dieser Begriff wird an einigen Stellen zusammen mit dem Begriff „*olal*" (s. Abschnitt III, A 3) eingesetzt und beschreibt damit, dass zwischen einem kleinen Kind und einem gestillten Kind eindeutig unterschieden wird (z.B. 1. Samuel 15,3; 22,19; Klagelieder 2,11; Jeremia 44,7). Ein gestilltes Kind kann zwar schon einige Jahre alt sein, erhält in der hebräischen Beschreibung aber meist ein eigenständiges Wort. Nach Psalm 8,3 können gestillte Kinder bereits Gott loben (vgl. hierzu auch das neutestamentliche Zitat in Matthäus 21,16). Dieser Aspekt wird weiter unten ausführlicher betrachtet.

2. Entwöhnte (gamal, hebr. גָּמַל)

"*Gamal*" meint nicht nur das **Abstillen**, sondern beinhaltet auch die Bedeutung **„fertig, vollkommen sein, vollenden, zur Reife bringen"**.[30] Diese Bedeutung kommt zum Beispiel in Jesaja 18,5 zum Vorschein, wo eine **reife** Traube beschrieben wird. Ebenso können wir in 4. Mose 17,23 einen Bezug zur Reife einer Frucht sehen: **reife** Mandeln. Genubath, der Sohn Hadads wurde von der Königin Thachpenes im Hause Pharaos **großgezogen**. (1. Könige 11,20). Weitere Bibelstellen, welche den Begriff „*gamal*" erwähnen, sind zum Beispiel 1. Mose 21,8 (2 Mal); 1.Samuel 1,22-24; Hosea 1,8; Jesaja 11,8; 28,9; Psalm 131,2. Ein Kind, welches nicht mehr gestillt wird, ist nicht nur von der Mutterbrust entwöhnt und hat eine gewisse physische Selbständigkeit erlangt, sondern sollte bis zu diesem Alter, so zart es noch sein mag, bereits eine gewisse **geistliche Reife** haben. Es sollte imstande sein, Gott und sein Wort in wesentlichen Zügen zu kennen und in wichtigen Fragen den Willen Gottes zu erkennen.

3. Kleine Kinder (olal, hebr. עוֹלָל)

Das hebräische Wort „*olal*" meint kleine Kinder unterschiedlichen Alters.[31] Zum einen ist damit ein noch nicht geborenes Kind gemeint (Hiob 3,16). In der Mehrzahl der Fälle ist damit aber ein junges Kind gemeint, welches offenbar nicht mehr gestillt wird. Es wird noch nicht

30 Gesenius, S. 144.

31 Gesenius, S. 934.

den jungen Männern, sondern kleinen Kindern zugerechnet. Dieser Begriff unterscheidet zum höheren Alter hin zwischen einem kleinen Kind und einem jungen Mann (vgl. Jeremia 9,20). Psalm 8,3 verwendet *„olal"* für unmündige Kinder, welche Gott bereits loben können.

4. Kind (jäläd, hebr. יֶלֶד)

Das Wort *„jäläd"* wird als allgemeiner Begriff für das „Kind" benutzt[32]. Es meint in Abhängigkeit vom Kontext ein ungeborenes (2. Mose 21,22), ein neugeborenes Kind (Ruth 4,16; 1. Könige 3,25), einen Säugling (2. Mose 2,3.7-9) oder ein abgestilltes Kind (1. Mose 21,8; 2. Mose 2,10). Der 14-Jährige Ismael wird als Kind bezeichnet (1. Mose 21,14-16), aber auch der 17-jährige Joseph (1. Mose 37,2.30). Daniel und seine Freunde werden ebenfalls mit *"jäläd"* beschrieben (Daniel 1,4).

5. Kleines Kind (taf[33], hebr. טַף,)

Mit *„taf"* werden kleine und noch nicht marschfähige Kinder bezeichnet. Kinder dieses Alters werden aber schon zum Gottesdienst mitgenommen, auch wenn sie noch auf die Eltern angewiesen sind (so z.B. in 2. Chronik 20,13; 5. Mose 29,9-10; 31,12; Josua 8,34.35).

6. Junger Mann (bachur, hebr. בָּחוּר)

„Bachur" meint ledige, waffenfähige junge Männer[34]. Es wird wiederholt zusammen mit jungen Frauen im Sinne von jungen Jungfrauen benannt (z.B. 5. Mose 32,25; 2. Chronik 36,17; Jeremia 51,22; Psalm 148,12; 78,63). Damit sind Personen gemeint, welche ihre Kindheit bereits hinter sich gelassen haben und sich im voll entwickelten Jünglingsalter befinden.

7. Knabe, Jüngling, junger Mann[35] (naár, hebr. נַעַר)

Der Begriff *„naár"* wird oft mit „Knabe" übersetzt und meint einen Jungen in unterschiedlichen Altersstufen. Mose wurde als Knabe bezeichnet, als er im Körbchen lag (2. Mose 2,6), ebenso der junge

32 Gesenius, S. 465.
33 Gesenius, S. 427.
34 Gesenius, S. 136.
35 Gesenius, S. 827.

Simson (Richter 13,5.7). Samuel als noch Gestillter war ein Knabe (1. Samuel 1,22), aber auch der durch den Ehebruch gezeugte Sohn Davids wurde nach seiner Geburt als Knabe bezeichnet (2. Samuel 12,16). Abgestillte wurden ebenfalls Knabe genannt (1. Mose 21,12; 22,12). Aber auch Jungen im heiratsfähigen Alter wurden als Knaben bezeichnet (Sichem, 1. Mose 34,19 und Josua als Diener Moses, 2. Mose 33,11). Der junge König Salomo bezeichnete sich mit *„naár"* als Knaben (1. Könige 3,7) und erkannte damit seine Unfähigkeit an, sein Volk, dem er als König vorstand, richtig leiten zu können. Ein Knabe wird noch nicht als erwachsener Mann angesehen (Richter 8,20).

B. DAS KIND IN NEUTESTAMENTLICHER BESCHREIBUNG

1. Sehr kleines Kind (*brephos*, griech. βρέφος)[36]

Der Begriff *„brephos"*, der für ein sehr kleines Kind verwendet wird, wird im griechischen Neuen Testament insgesamt acht Mal benutzt und ist eine nähere Bestimmung des Begriffes *„paidion"* (kleines Kind, s. Kapitel III, B. 3). Die einzelnen Bibelstellen erklären uns die Vielfalt der Bedeutungen. In Lukas 1,41.44 wird das Wort als Beschreibung eines ungeborenen Kindes benutzt und bezieht sich hier auf den noch nicht geborenen Johannes den Täufer, der sich beim Erscheinen von Maria, der Mutter Jesu, regt und vor Freude hüpft. In Lukas 2,12.16 beschreibt dieser Begriff den neugeborenen Sohn Gottes als Kind: *„Ein Kind, in Windeln gewickelt"*. Auch in der allgemeinen griechischen Literatur wird er für geborene oder noch nicht geborene Leibesfrucht von Menschen und Tieren benutzt.[37]

In Lukas 18,15 ist damit ein kleines Kind gemeint, welches von Erwachsenen zu Jesus Christus gebracht wurde. Es ist noch unmündig und unfähig, alleine das Haus zu verlassen und wird deshalb zum Herrn Jesus **gebracht**. Apostelgeschichte 7,19 beschreibt parallel zu der Stelle in 2. Mose 1,22, dass alle neugeborenen Kinder in das Wasser geworfen werden sollten. Petrus benutzt diesen Begriff ebenfalls,

36 Bauer, S. 294.
37 Kittel, Band V, S. 637.

um damit den großen Hunger eines Kindes Gottes nach dem göttlichen Wort zu beschreiben („*[…] begierig […] wie die jetzt geborenen Kindlein*“; 1. Petrus 2,2).

Das Wort wird aber auch in 2. Timotheus 3,15 in Bezug auf Timotheus benutzt: „*Du kennst von Kindheit an die Heilige Schrift*“. In dieser Wortbedeutung erkennen wir, dass Timotheus nicht erst im jugendlichen Alter die Schrift kannte oder kennenlernte. **Er kannte sie bereits seit der frühesten Kindheit!** Dies war nur möglich, weil sowohl seine Großmutter als auch seine Mutter einen ungefärbten, das heißt ungeheuchelten Glauben hatten und ihm den Glauben vorlebten. Dies prägte Timotheus schon seit seiner frühesten Kindheit, auch wenn wir dieses Alter nicht exakt beschreiben können. Es ist zunächst unvorstellbar, dass ein sehr kleines Kind die Schrift bereits kennt. Wenn im biblischen Text stehen würde, dass Timotheus seit der frühen Kindheit die Schrift kennen**gelernt** hat, wäre diese Aussage für uns leichter verständlich. Da dort nun aber die Aussage steht „*du kennst sie*“, sind wir zum Nachdenken herausgefordert. Andererseits steht dort nicht, dass er sie bereits verstanden hat. Das Verständnis kam erst später dazu.

Es ist vollkommen klar, dass die Eltern ihre Kinder schon vor der Geburt beeinflussen. Dies geschieht entweder unbewusst oder auch ganz bewusst. Diese zugegebenermaßen extrem frühe Schriftkenntnis von Timotheus kann nur dadurch entstanden sein, dass seine Mutter und seine Großmutter ihm Gottes Wort (damals war nur das Alte Testament verfügbar) von frühester Kindheit an vermittelt haben. Dies taten sie, weit bevor er selbst imstande war zu lesen oder aktiv über das Wort Gottes nachzudenken. Diese **frühe Hinführung zum Worte Gottes** hat sein Herz in besonderer Weise zum Guten geprägt. Dieser Erziehungsschwerpunkt ist sicher auch heute für uns von großer Bedeutung. Wenn es jedoch nicht so ist, dann sollten wir unsere Erziehungsprinzipien im Lichte Gottes überprüfen.

2. Kleines Kind (*paidarion*, griech. παιδάριον)

Das Wort „*paidarion*“ beschreibt ein kleines Kind, welches sich noch unter den Händen der Mutter befindet.[38] Es wird benutzt, um den

38 Menge-Güthling, S. 511.

Jungen zu beschreiben, dessen Brote und Fische zum Speisenwunder beitrugen (Johannes 6,9). Dieser Begriff meint das Spielalter des Kindes (Matthäus 11,16) und meint ein Kind, welches noch der Aufsicht bedarf.

3. Kleines Kind (*paidion*, griech. *παιδίον*)[39]

Mit „*paidion*" ist ein kleines oder auch sehr kleines Kind gemeint. Manche Ausleger gehen von einem maximal sieben Jahre alten Kind aus.[40] Das Jesuskindlein wurde am achten Tag so bezeichnet (Lukas 2,21), aber ebenso auch der neugeborene Johannes der Täufer (Lukas 1,59.66.76.80). In der Beschreibung der Geburt von Jesus wird er auch an anderen Stellen mit diesem Wort bezeichnet (Lukas 2,17.27.40). Im Zusammenhang mit den Weisen wurde das Kind Jesus so genannt (Matthäus 2,8-21). Interessant ist, dass sowohl in Bezug auf Johannes den Täufer als auch auf Jesus Christus erwähnt wird, dass „*das Kindlein*" wuchs und stark wurde (Lukas 1,80; 2,40). Damit wird das Wort „*paidion*" einem kleinen, also noch wachsendem Kind zugeordnet. Der junge Mose wird so beschrieben (Hebräer 11,23). An anderen Stellen ist damit ein junges Kind gemeint, welches Jesus, der Herr, als Vergleich heranzieht (z.B. Matthäus 18,2-5). Paulus benutzt diesen Begriff metaphorisch, um das Verhältnis zum Verstehen zu beschreiben (1. Korinther 14,20). Er wünscht den Korinthern, im Verständnis nicht Kinder, sondern zum Ziel Gekommene zu sein. Folglich beschreibt dieser Zusammenhang mit dem Wort „*paidion*" ein kleines Kind.

4. Kind (*pais*, griech. *παις*)[41]

Das Wort „*pais*" wird meist für nicht mehr ganz kleine Kinder[42], sondern für Knaben oder Jünglinge benutzt und meint einen noch unerfahrenen Menschen.[43] Damit können auch Mädchen gemeint sein, so zum Beispiel die 12-Jährige Tochter des Jairus (Lukas 8,42.51.54). Der 12-jährige Jesus wird mit diesem Begriff beschrieben (Lukas

---

39 Bauer, S. 1222.

40 https://bibeltext.com/greek/3813.htm, Kittel, Band V, S. 637.

41 Bauer, S. 123-1224.

42 Matthäus 2,16 scheint eine Ausnahme zu sein. „*Kinder, … die zweijährig und darunter waren.*"

43 Menge-Güthling, S. 512.

2,42.43). Nach Kittel umfasst dieser Begriff Kinder im Alter von etwa 7 bis 14 Jahren.[44]

5. Das Kindlein (wörtlich: Geborenes; *teknion*, griech. τεκνίον)

Folgende Bibelstellen verwenden den Begriff „*teknion*": Johannes 13,33; 1. Johannes 2,1.12.28; 3,7.18; 4,4; 5,21; Galater 4,19. Dieser Begriff wird benutzt, wenn es um eine liebevoll-vertraute[45] Anrede des Herrn Jesus an seine Jünger oder von geistlichen Lehrern an seine geistlichen Kinder geht. Damit ist kein biologisches Verhältnis gemeint. Es fällt auf, dass acht von neun Stellen, welche diesen Begriff benutzen, von Johannes stammen. Allein dieser Begriff legt die besonders zarte und einfühlsame Art des Johannes dar.

Das Wort „*teknon*" beschreibt im Gegensatz dazu das Kindschaftsverhältnis und hat nicht nur die Bedeutung Kind, sondern auch Nachkomme und kann in bestimmten Fällen auch das geistliche Vater-Kind-Verhältnis meinen. Da dieser Begriff für unser Thema weniger von Bedeutung ist, wird er nicht weiter beleuchtet.

6. Unmündiges Kind (als Adjektiv *näpios*, griech. νήπιος)[46]

Der Begriff „*näpios*" meint ein Kind im zarten Alter, welches die feste Speise noch nicht ertragen kann. Im Hebräerbrief (5,13) wird dieser Gedanke auf die geistliche Nahrung übertragen. Manche (Luther 1912) übersetzen an dieser Stelle inhaltlich vollkommen korrekt „*junges Kind*" (vgl. auch 1. Korinther 3,1; Epheser 4,14). Das Verb meint das Kind-Sein (1. Korinther 14,20). Ein unmündiges Kind ist jedoch bereits in der Lage, Gott zu loben (Matthäus 21,16).

7. Noch Gestillte (*thäladso*, griech. θηλάζω)[47]

In Matthäus 21,16 wird mit „*täladso*" ein Begriff für Kinder benutzt, welche **noch gestillt** werden, aber bereits Gott loben können. Ande-

---

44 Kittel, Band V, S. 637.
45 Bauer, S. 1611.
46 Bauer, S. 1087.
47 Bauer, S. 731.

re Stellen im Neuen Testament meinen mit diesem Begriff Frauen, welche Stillen (z.B. Matthäus 24,19, Markus 13,17).

Die kurze Betrachtung zeigt bereits, dass in der Heiligen Schrift unter Hinzuziehung der ursprünglichen hebräischen oder griechischen Begriffe recht gut zwischen den verschiedenen Altersstufen unterschieden werden kann. Darüber hinaus erkennen wir aber auch, dass die Kinder bereits in sehr jungem Alter geistlich geprägt werden können. Die weiteren Abschnitte werden diesen Aspekt erläutern.

IV. UNSERE VERANTWORTUNG FÜR ZUKÜNFTIGE GENERATIONEN

Manche meiner Erinnerungen reichen weit in die Kindheit zurück. Mir fiel damals auf, dass meine Eltern in den Familienandachten regelmäßig für alle beteten, „die uns anvertraut" sind. Später fiel mir auf, dass sie für „Kinder und Kindeskinder" beteten. So recht konnte ich das Gebet meiner geschätzten Eltern damals nicht verstehen, auch wenn ich mich heute noch daran erinnere. Eines wurde mir aber durch das Gebetsleben meiner Eltern sehr bewusst: Wir dürfen sehr konkret beten. Dies fiel nicht nur beim Gebet für uns und unsere Kinder auf, sondern bezog sich durchweg auf alle Lebenssituationen. Da wir in unserer Kindheit auf Grund der angespannten finanziellen Situation sehr sparsam leben mussten (darunter habe ich aber niemals gelitten), war das Gebet um materielle Dinge regelmäßig auf der Tagesordnung. Es ging dabei um günstige Einkäufe von Kleidung, Lebensmitteln, Schulsachen oder um eine gute Ernte im Garten, rechtzeitigen Regen und vieles andere mehr.

Wenn wir die Bibel, das Wort Gottes, betrachten, so finden wir dort einige Stellen, in denen auf unsere Verantwortung für zukünftige Generationen hingewiesen wird. Damit ist einerseits das Gebet für die folgenden Generationen, andererseits die mündliche Weitergabe der Handlungen Gottes im persönlichen Leben oder im Leben des Volkes Israel gemeint. Die Mischna[48] betont ebenfalls die Weitergabe

48 Die Mischna ist einer der zentralen Texte des Judentums und enthält die wichtigsten Regeln für das jüdische Leben. Die Juden gehen davon aus, dass Mose neben den 613 niedergeschriebenen

des göttlichen Wortes an die zukünftigen Generationen: *„Wer seinen Sohn in der Thora unterrichtet, dem rechnet die Schrift es an, als hätte er sie vom Berge Horeb empfangen."*[49] Die folgenden Bibelstellen greifen exemplarisch einige Aussagen über die Verantwortung der Eltern ihren Nachkommen gegenüber auf.

A. Erzähle die Taten Gottes aus der Schrift (2. Mose 13,14)

„Wenn dich heute oder morgen dein Kind fragen wird, [...] sollst du sagen [...]" In diesem Fall geht es konkret um die Weitergabe des Geschehens des ersten Passahfestes unmittelbar vor dem Auszug aus Ägypten. Neben dem in anderen Bibelstellen beleuchteten Aspekt, den Kindern aktiv Gottes Handeln zu erzählen, werden die Eltern zusätzlich dazu aufgefordert, in einer Bereitschaftshaltung zu leben. Wenn nämlich bei den Kindern Fragen aufkommen, sollen die Eltern bereit sein, diese zu beantworten. Letztlich ist es egal, ob diese Fragen *„heute oder morgen"* kommen. Gerade wenn es um Fragen des Glaubens geht, sollen sich die Eltern Zeit nehmen, um diese zu beantworten. Diese Bereitschaft erfordert natürlich eine gute eigene Kenntnis des Wortes Gottes, um dem Kind bibeltreue Antworten geben zu können (vgl. auch 2. Mose 12, 26-27; 5. Mose 6,20-25, 32,7; Josua 4,5-7.20-24).

Ähnliche Aussagen lesen wir in 5. Mose 4,9: *„Hüte dich, [...] dass du die Geschehnisse nicht vergisst, [...] dass sie nicht aus deinem Herzen weichen alle Tage deines Lebens; sondern du sollst sie deinen Kindern und Kindeskindern verkünden" (SL 2000).* Die Eltern haben also nicht nur für ihre Kinder, sondern auch für ihre Enkel die Aufgabe bekommen, die Taten Gottes weiterzuerzählen. Dieser Gedanke der Weitergabe der vorausgegangenen Geschehnisse an mindestens zwei Generationen findet sich in der Bibel wiederholt.

Gesetzen von Gott noch eine ganze Reihe mündlicher Gesetze erhalten habe. Diese seien über viele Generationen mündlich überliefert worden und wurden bis 220 n. Chr. niedergeschrieben, um das Volk vor dem Vergessen dieser Lebensregeln zu bewahren. Die Auslegung der Mischna ist der Talmud, welcher noch viel umfangreicher als die Mischna selbst ist. Das Wort bedeutet so viel wie »Lernen durch Wiederholung«.

49 In: Müller, Peter, S. 160.

Hier sei nur am Rande bemerkt, dass sogar mit der Heirat erwachsener Kinder und ihrem Verlassen des Elternhauses den Eltern die Verantwortung für ihre Kinder nicht vollständig genommen ist. Die Eltern bleiben weiter in der Pflicht, ihre (erwachsenen) Kinder zu belehren. Bei Eli sehen wir sehr deutlich, dass er für die Untaten seiner erwachsenen Söhne mit dem Tode bestraft wurde, weil er ihrem sündigen Treiben keinen Einhalt geboten hatte (1. Samuel 2,23-24; 4,18-19). Andererseits muss jedoch bedacht und ermöglicht werden, dass die verheirateten Kinder ein eigenständiges und eigenverantwortliches Leben führen können.

B. Erzähle von Gottes Handeln in deinem Alltag (Psalm 44,2)

„Gott, wir haben's mit unseren Ohren gehört, unsere Väter haben's uns erzählt, was du getan hast zu ihren Zeiten von Alters her." Wir finden hier ein sehr gutes Zeugnis der Kinder Korah über ihre Väter[50], welche ihre Aufgabe ernst genommen und erfüllt haben. Die Väter haben die Taten Gottes erzählt. An dieser Wahrheit scheitern wir heute immer wieder, und zwar dann, wenn wir mit unseren Kindern zu wenig über das Handeln Gottes in der heutigen Zeit reden. Natürlich vermitteln wir als christliche Eltern oder Betreuungspersonen den uns anvertrauten Kindern die schönen und sehr lehrreichen Berichte der Heiligen Schrift. Doch so wie die Väter in der Vergangenheit auch das weitererzählt haben, was Gott *„zu ihren Zeiten"* getan hat, so sollten wir es auch heute handhaben: Wir sollen unseren Kindern erzählen, was wir in unserem Alltag mit Gott erleben. Gerade aktuelle Zeugnisse über das Wirken Gottes machen den Glauben an den mächtigen Gott lebendig.

C. Erzähle deinen Kindern und Enkeln die Taten Gottes (Psalm 45,18)

Die Kinder Korah bekennen in diesem Vers: *„Ich will deines Namens gedenken von Kind zu Kindeskind."* Es wirkt auf den ersten Blick merkwürdig, dass eine einzelne Person beschließt, über einen langen Zeitraum an den Herrn zu denken. Dieser Zeitraum umfasst

50 Nach dem hebräischen Denken ist damit nicht nur der leibliche Vater gemeint. Diese Bezeichnung schließt die Vorfahren über viele Generationen mit ein.

mehrere Generationen. Damit wird eine Glaubenskontinuität beschrieben, die es auch den folgenden Generationen ermöglicht, etwas über Gott zu erfahren. Ähnlich diesem Bekenntnis sollte unser Glaube konstant bis zum Übergang in die Herrlichkeit bekannt und gelebt werden.

D. Bete schon jetzt für Kindeskinder und ihre Nachkommen (Psalm 71,17-18)

„Gott, du hast mich von Jugend auf gelehrt und bis hierher verkündige ich deine Wunder. Auch verlass mich nicht, Gott, im Alter, wenn ich grau werde, bis ich deinen Arm verkündige Kindeskinder und deine Kraft allen, die noch kommen sollen.“ Dies ist ein Gebet für Kindeskinder und alle, *„die noch kommen sollen“*. Damit erhalten wir einen konkreten Anstoß, ebenfalls für unsere Nachkommen zu beten, sogar mit Blick auf Generationen *„die noch kommen sollen“*, also noch nicht da sind. Ich bin davon überzeugt, dass in manchen Familien von Gott ein besonderer Segen gegeben wird, weil unter den Vorfahren jemand innig und konkret für zukünftige, noch unbekannte Nachkommen gebetet hat. Wenn wir dieses Gebet von Herzen zu unserem eigenen machen, wird Gott unseren Familien unter Einschluss der Nachkommen mehr Segen geben, da es für den Herrn eine Freude ist, zu segnen. Gott selbst sagt in seinem Wort: *„Das Geschlecht der Frommen wird gesegnet sein.“* (Psalm 112,2) Natürlich ist uns bewusst, dass der Segen letztlich immer Gottes Gnade ist. Selbst die beste und effektivste Erziehungsmethode kann dies nicht bewirken. Aber wir können, wenn wir in Gottesfurcht leben, den Segen Gottes gemäß seiner Zusage erhoffen (Psalm 115,13).

E. Lehre deine Kinder, die Taten Gottes zu verkünden (Psalm 78,2-4.6)

„Ich will meinen Mund auftuen zu Sprüchen und alte Geschichten aussprechen, die wir gehört haben und unsere Väter uns erzählt haben, dass wir´s nicht ihren Kindern vorenthalten sollen, die noch kommen werden und verkündigen den Ruhm des Herrn und seine Macht und Wunder, die er getan hat. [...] damit die Nachkommen es lernen und die Kinder, die noch geboren werden sollten, dass sie es auch ihren

Kindern verkündigten."[51] Diese Stelle betont insbesondere das Prinzip der Weitergabe der wunderbaren Führungen Gottes von den Vätern über die aktuelle Generation zu deren Kindern. Damit wurde besonders im Judentum gewährleistet, dass die Führungen Gottes nicht vergessen werden. Das Ziel war jedoch nicht nur, den eigenen Kindern Gottes „*Macht und Wunder*" zu erzählen, sondern es so eindrücklich zu vermitteln, das diese wiederum fähig sind, es später selbst ihren Kindern zu erzählen. Interessanterweise greift Paulus als Jude diesen Gedanken in Bezug auf die Vermittlung des Glaubens wieder auf: „*Und was du von mir durch viele Zeugen gehört hast, das befiehl treuen Menschen, die fähig sind, auch andere zu lehren*" (2. Timotheus 2,2). Auch hier geht es wieder um eine generationenübergreifende Vermittlung des Glaubens. Sicher könnte man hier einwenden, dass damals die mündliche Weitergabe des geistlichen Schatzes notwendiger war als heute, zumal die Bibel als solche damals noch nicht verfügbar war. Trotzdem hat das Erzählen der Taten Gottes auch heute noch einen wichtigen Stellenwert, weil es hier um das persönliche Weitergeben an die folgenden Generationen geht. Außerdem sind kleine Kinder noch nicht fähig, die Bibel selbst zu lesen. Würde man so lange warten, wären in der Erziehung schon fünf bis sieben Jahre verloren.

F. Bete, dass deine Kinder Gottes Herrlichkeit sehen (Psalm 90,16)

„*Zeige deinen Knechten deine Werke und deine Herrlichkeit ihren Kindern*[52]." Mose betet zu Gott, dass die Kinder der Knechte des Herrn die Herrlichkeit Gottes sehen können. Dieses wunderbare Gebet können wir zu unserem eigenen machen. Wir sollten uns niemals damit begnügen, dass wir selbst die Werke Gottes erkennen. Unser Blick sollte immer zu den nächsten Generationen gehen.

G. Erbete die Gnade des Herrn für deine Kindeskinder (Psalm 103,17)

51 Die Aufforderungen, die Taten Gottes zu erzählen finden wir in vielen anderen Bibelstellen (z.B. 2. Könige 10,1.2; 12,26-27; 13,14; 5. Mose 6,20ff.; Josua 4,4-7).

52 Das hier im Urtext erwähnte Wort *ben*, ist vom Wortstamm Sohn abgeleitet. Es kann aber in Abhängigkeit vom Kontext mit „Kinder" oder allgemein mit „Nachkommen" übersetzt werden. Gesenius, S. 156.

„Die Gnade aber des Herrn währet von Ewigkeit zu Ewigkeit über die, die Ihn fürchten, und seine Gerechtigkeit auf Kindeskindern“. Dies ist ein sehr schöner Wunsch für zukünftige Generationen. So dürfen wir auch für „Kindeskinder“ die Gnade Gottes erbeten, so dass sie die Werke Gottes preisen (vgl. Psalm 145,4).

H. Erzähle, dass alle Nachkommen den Allmächtigen kennen (Joel 1,2.3[53])

„Saget (ihr, 1. Generation) euren Kindern (2. Generation) davon und lasset´s eure Kinder ihren Kindern (3. Generation) sagen und diese Kinder ihren Nachkommen (4. und folgende Generationen).“ Wahrscheinlich ist dies die Bibelstelle, welche in einem Atemzug die meisten Generationen benennt. Sie umschließt wohl mehr als vier Generationen (wie viele Generationen es letztlich sind, hängt von der Erklärung des Begriffes *„Nachkommen“* ab. Wahrscheinlich ist damit mehr als eine Generation gemeint). Wenn wir für eine Generation 40 Jahre annehmen, so soll das Gesprochene der Väter noch nach mehr als 160 Jahren bei den Nachkommen bekannt sein und sich bei ihnen auswirken. Sie zeigt in besonderem Maße unsere Verantwortung unseren Nachkommen gegenüber auf. Unser hohes Ziel sollte sein, das Wort Gottes unseren Kindern so einzuprägen, dass es über Generationen seine Spuren hinterlässt. Unsere Kinder sollen fähig gemacht werden, das Wort Gottes wieder ihren Kindern weiterzugeben.

Ähnlich scheint es zur Zeit des Alten Testamentes gewesen zu sein. Wir brauchen nur die Weitergabe des Gottesnamens an jeweils nachfolgende Generationen weiterzuverfolgen. Gerade im ersten Buch Mose sehen wir, dass Gott sich den Menschen fortschreitend offenbart und die Menschen diese Offenbarungen ihren Nachkommen weitererzählt haben.

Hagar erlebte auf ihrer Flucht von Sarai Gott als den Sehenden (1. Mose 16,13). Sie muss dieses Erlebnis weitererzählt haben, denn der dortige Brunnen wird danach benannt (1. Mose 16,14). Wie selbstverständlich wird der Brunnen auch später zur Zeit Isaaks so ge-

53 Die Bemerkungen über die Generationenzählung in Klammern wurden vom Autor eingefügt.

nannt (1. Mose 24,62), dort wohnte Isaak nach dem Tode Abrahams (1. Mose 25,11).

Bevor Gott Abraham eine große Nachkommenschaft versprach, stellte er sich ihm als *„Ich bin der Allmächtige“*[54] vor (1. Mose 17,1). Im Verlauf der weiteren Ereignisse sehen wir, dass dieser Gottesname den folgenden Generationen bekannt blieb. Es ist davon auszugehen, dass Abraham das Handeln Gottes zu seinen Lebzeiten den Nachkommen (Kinder und z.T. Enkel) weitererzählt hat. Von den uns in der Bibel überlieferten Zeiten kann berechnet werden, dass Jakob die ersten 15 Jahre seines Lebens zusammen mit seinem Großvater Abraham verbracht hat, bis dieser im Alter von 175 Jahren starb (vgl. Hebräer 11,9; er wohnte *„mit Isaak und Jakob in Zelten“*). Isaak bezog sich bei der Entlassung Jakobs nach Haran auf den allmächtigen Gott (1. Mose 28,3) und wünscht ihm den Segen Abrahams (zahlreiche Nachkommenschaft). Bei der Segensverheißung an Jakob stellte Gott sich ebenfalls als der Allmächtige vor (1. Mose 35,11). Jakob bezog sich auf den allmächtigen Gott, als er seine Söhne zur zweiten Reise nach Ägypten entließ (1. Mose 43,14). Am Ende seines Lebens bezeichnete Jakob Gott als den Allmächtigen (1. Mose 48,3). Es ist somit auffallend, dass alle Erzväter (Abraham, Isaak und Jakob) von Gott, dem Allmächtigen, reden. Auch Mose stellte sich Gott als der *„El Schaddaj“* vor (2. Mose 6,3). Die Psalmen greifen diesen Gottesnamen ebenfalls auf (z.B. Psalm 68,15; 91,1).

Diese spannende Spur könnte sicher auch anhand anderer biblischer Berichte untersucht werden, vielleicht sind diese zwei Beispiele für den Leser ein Anstoß dazu.

I. Rede von Gottes Wort überall und zu jeder Zeit (5. Mose 6,4-7)

„Höre Israel, der HERR ist unser Gott, der HERR allein! Und du sollst den HERRN, deinen Gott, lieben mit deinem ganzen Herzen und mit deiner ganzen Seele und mit deiner ganzen Kraft. Und diese Worte, die ich dir heute gebiete, sollst du auf dem Herzen tragen, und du sollst sie deinen Kindern einschärfen und davon reden, wenn du in deinem

54 Hebräisch: El-Schaddaj.

Haus sitzt oder auf dem Weg gehst, wenn du dich niederlegst und wenn du aufstehst" (nach Schlachter 2000).

Dies (Verse 6 und 7) ist wohl die eindrücklichste und bekannteste Stelle, welche uns an unsere hohe Verantwortung der nächsten Generation gegenüber erinnert. Dabei werden im Kontext des Textes verschiedene Aspekte betont:

a. Anerkennung, dass es nur einen Gott gibt (Vers 4). Wenn uns nicht bewusst ist, dass es nur einen wahren Gott gibt, werden die Bemühungen, die Kinder zu diesem einzigen Gott zu führen, nachlassen. Ist uns ganz klar, dass der *„Herr, unser Gott"* Gott allein ist, dann wird uns zunächst die Wichtigkeit der eigenen Hingabe an diesen wahren und lebendigen Gott wichtig – anschließend auch die Notwendigkeit, unsere Kinder zu Gott zu führen. Viele weitere Stellen in der heiligen Schrift zeigen uns die Absolutheit Gottes auf, der uns in seinem Sohn Jesus Christus den einzigmöglichen Weg (Johannes 14,6) zum ewigen Leben und damit auch zu sich selbst beschrieben hat.

b. Ganze Hingabe diesem Herrn gegenüber (Vers 5). Wenn wir begriffen haben, dass der Gott Abrahams, Isaaks und Jakobs der einzig-wahre Gott ist, ist die einzige richtige Reaktion darauf, unser Leben ganz unter seine Führung und Herrschaft zu stellen. Im Neuen Testament wird mehrfach der Begriff „Knecht Jesu Christi" (z.B. Apostelgeschichte 4,29; Römer 1,1; 2. Timotheus 2,24) benutzt. Eine präzisere Übersetzung würde das griechische Wort *„doulos"* mit „Sklave" wiedergeben. Als Sklaven unseres Herrn gehört uns nichts mehr selbst. Deshalb erwartet Gott nichts anderes von uns, als dass wir unser Leben mit *„ganzem Herzen, ganzer Seele und ganzem Vermögen (Kraft)"* seiner Herrschaft unterstellen. Unsere ganze Liebe soll ihm gehören. Wenn dies nicht geschieht, werden wir nicht mit der notwendigen Überzeugung und Kraft von Anfang an unsere Kinder für Gott und sein Reich erziehen. Dieser Aspekt der ganzen Hingabe ist für die nächsten Schritte eine zwingende Voraussetzung.

c. Die persönliche Annahme des Wortes Gottes (Vers 6). Wenn wir die ersten zwei Schritte für unser Leben verstanden und umgesetzt haben, sind wir noch immer nicht am Ziel unserer Erziehungsfähigkeit angelangt. Gott erwartet, dass alle Gebote Gottes, die er seinem Volk gegeben hat[55], zu Herzen genommen werden. Maria, die Mutter Jesu, ist uns auch in dieser Hinsicht ein gutes Beispiel: Zweimal wird über sie gesagt, dass sie die gehörten Worte in ihrem Herzen *bewegte*"[56]. Einmal waren es die Worte der Hirten (Lukas 2,19), im anderen Fall die Worte, die Jesus Christus als 12-jähriger im Tempel zu seinen Eltern sagte (Lukas 2,51). Gemeint ist damit, dass Maria die gehörten Worte im Gedächtnis bewahrte[57]. Wenn uns etwas zu Herzen geht, dann nehmen wir es ernst und denken darüber nach. Wir versuchen praktische Konsequenzen aus dem Worte Gottes zu ziehen und wenden es schließlich auf unser Leben an. Ohne die persönliche Annahme des göttlichen Wortes können wir dieses unseren Kindern nicht vermitteln.

d. Die intensive Weitergabe des Wortes an die Kinder an allen Orten und zu allen Tageszeiten (Vers 7; 5. Mose 11,19). Das Verb *„einschärfen"* ist im Hebräischen mit der Zahl zwei verwandt und meint damit ein wiederholtes Belehren. Das Verb wird auch für das Schärfen eines Schwertes verwendet, wobei die Klinge wiederholt am Schleifstein gewetzt wird. In Bezug auf die Weitergabe des Wortes Gottes vermitteln uns diese Bilder bedeutende Aspekte. Es ist wichtig, das Wort Gottes den Kindern immer und immer wieder zu sagen. Zwar sagt dieser Text nichts über das Alter aus, ab welchem dieser Auftrag beginnt, jedoch müsste jedem gottesfürchtigen Bibelleser klar sein, dass ein früher Beginn der Umsetzung dieses Auftrages eine intensivere Prägung nach sich zieht als ein später.

Man kennt den Begriff der Prägung auch aus der Tierwelt. Hier hat sich insbesondere der Verhaltensforscher Professor Konrad Lorenz verdient gemacht, indem er die Prägung extrem junger Gänseküken untersuchte. Nachdem er diese direkt nach dem Schlüpfen auf sich

---

55 Damit sind nicht nur die Zehn Gebote gemeint. Die gesamte Heilige Schrift, und nur diese, ist das Wort Gottes. Der Neo-Evangelikalismus verwässert diese Bewertung und formuliert z.B. im neuen Glaubensbekenntnis der Deutschen Evangelischen Allianz von 2018: „Die Bibel, bestehend aus den Schriften des Alten und Neuen Testaments, ist (die Konkretisierung **„die"** fehlt leider, Anm. des Autors) Offenbarung des dreieinen Gottes." (Zitat aus: https://www.ead.de/fileadmin/user_upload/Glaubensbasis2018.pdf) Damit werden fatalerweise neben der Heiligen Schrift indirekt auch andere Offenbarungsquellen zugelassen.

56 Lutherübersetzung 1912 , so auch Schlachter-Übersetzung 2000.

57 Walter Bauer, Wörterbuch zum Alten Testament, 6. Auflage, S. 1582.

geprägt hatte, nahmen sie ihn als ihre Mutter an und folgten ihm auf Schritt und Tritt. Deshalb erhielt er später den Namen „Vater der Gänse".

Das „*Einschärfen*" beinhaltet eine wiederholte Handlung, an dessen Ende die Annahme des Vermittelten steht. In diesem Fall ist es das Wort Gottes. Dieser Auftrag ist so umfassend, dass er die gesamte Zeit des Tages ausfüllt. Die praktische Beschreibung über die Zeitpunkte des „*Einschärfens*" ist gut verständlich: Zu Hause oder unterwegs, beim Schlafengehen oder Aufstehen. Letztlich ist damit jede nur erdenkliche Gelegenheit des Tages gemeint, wann wir unseren Kindern das Wort Gottes vermitteln sollen. Dieses Wort ist nicht nur ein göttlicher Vorschlag („du kannst"), sondern ein göttliches Gebot („du sollst").

Wir können unserer Verantwortung den zukünftigen Generationen gegenüber gerecht werden, indem wir **in jeder Hinsicht zum Vorbild für unsere Kinder, unsere Enkel und für die Umgebung werden**. Insbesondere legen die Kinder Wert auf ein authentisches Leben in dem Sinne, dass unser Leben mit Gott aufrichtig ist. Leider wurde mittlerweile der Begriff des authentischen Lebens im Neo-Evangelikalismus umgedeutet. Christen sollten nach dieser Auffassung so sein, wie sie sind, eben Mensch mit allen ihren Schwächen. Der Gedanke der persönlichen Heiligung rückt dabei in den Hintergrund. Wir verstehen aber, dass Gott uns mit unseren Schwachheiten annimmt, uns formt und verändert und zugleich von uns erwartet, dass wir uns zunehmend in sein Bild verändern lassen. Dann leben wir ein Leben in Aufrichtigkeit vor Gott und sind für die Umgebung authentisch, das heißt glaubwürdig.

Diese **ehrliche und gottesfürchtige Beziehung zu Gott** wird sich in allen unseren Lebensbereichen niederschlagen. Das werden besonders unsere Kinder und andere Angehörige merken. Diese Beziehung zu Gott wird sich selbstverständlich auch in unserer Beziehung zur örtlichen Gemeinde niederschlagen, zu der wir gehören.

Leider müssen wir zunehmend beobachten, dass immer mehr jüngere Glaubensgeschwister ruhig ohne eine verbindliche Gemeindemitgliedschaft auskommen können. Manche können in einer Gemeinde lange einen Gaststatus haben, ohne sich fest anzuschließen und damit die Bereitschaft zu zeigen, sich ihr zu unterordnen und sich dort mit Leib und Seele für unseren Herrn und Heiland Jesus Christus einzusetzen. Begründet wird dies zum Teil mit der fragwürdigen theologischen Grundhaltung, man sei ja sowieso Teil der weltweiten Gemeinde Jesu Christi und somit sei die örtliche Gemeinde nur ein menschliches Konstrukt. **Unsere Kinder merken, ob wir mit dieser oder einer anderen Begründung gemeindedistanziert sind.**

Während ich diese Zeilen schrieb, rief mich ein alter Diakon einer Gemeinde an, und schilderte mir eine interessante Begebenheit, die Michail Chorew in alter Zeit erzählte: In einer Familie spielte ein kleines, nur wenige Jahre altes Kind intensiv mit Bauklötzen. Als es gefragt wurde, was es denn so eifrig spiele, antwortete es: „Gottesdienst". Auf einmal stieß es alle Klötze um und wurde wieder gefragt, was es denn jetzt spiele. Es antwortete: „Gemeindestunde". Die Eltern erkannten in diesem Moment, dass sie mit dem freien Erzählen von verschiedenen Spannungen in ihrer Gemeinde die kindliche Phantasie unbemerkt negativ beeinflusst hatten.

Gerhard Wölk formuliert die Haltung der Eltern zur Gemeinde sehr treffend: *„Doch auch die angestrengten Bemühungen der Gemeinde werden wenig Erfolg vorweisen können, wenn die Eltern der Kinder nicht bereit sind, in vollem Einklang mit der Gemeinde zu leben und zu arbeiten. Liebe zu Gott, Liebe zur Gemeinde, Liebe zu den Kindern – sind Kennzeichen weiser Eltern, die ihre Kinder wirklich zu Jesus führen wollen. Fehlt bei den Eltern eine der genannten Liebesbeziehungen, so leiden darunter die Kinder, unsere Kinder."*[58]

Unsere Herzenshaltung wird sich in unserem Reden über die Gemeinde niederschlagen, aber auch in unserem Bemühen, die Gottesdienste zu besuchen. Unser inneres Mitleben oder unsere innere Distanz zur Gemeinde wird ein gutes oder schlechtes Zeugnis für unsere Nachkommen sein. Die Häufigkeit unserer Gottesdienstbesuche oder der Abwesenheit davon wird prägend sein und auf die Kinder einen nachhaltigen Einfluss ausüben. Oft werden kleine Kinder so sehr von ihren Eltern geprägt, dass sie gewisse Gewohnheiten später im Leben selbst pflegen. Aber nicht nur der regelmäßi-

58 Wölk, S. 68.

ge Besuch der Gottesdienste, sondern auch unsere offene freudige Herzenshaltung zum Reden Gottes in der Gemeinde und zu den Geschwistern in der Gemeinde wird uns bewegen, uns am gemeindlichen Gesang, am Gebet und an den Diensten zu beteiligen. John Charles Ryle schreibt hierzu: „*Seid nicht entmutigt, weil eure Kinder jetzt noch nicht den ganzen Wert des Gottesdienstes erkennen. Aber erzieht sie dazu, sich den regelmäßigen Gemeindebesuch anzugewöhnen. Stellt es ihnen als eine hohe, heilige und ernste Pflicht vor.*“[59]

Wenn wir mit unseren Kindern zusammen alte, verwitwete oder kranke Geschwister besuchen, beziehen wir unsere Kinder in den Dienst für Gott ein und erfüllen damit ein direktes Wort Gottes (Jakobus 1,27). Wir signalisieren damit unseren Kindern zugleich, dass uns die Geschwister der Gemeinde am Herzen liegen und wir dafür sogar die meist nur knapp vorhandene Zeit opfern.

In unserem Leben sollte eine große Scheu vor Unaufrichtigkeit und anderen Sünden erkennbar sein. Wenn unseren Kindern klar wird, dass wir darunter leiden, gegen Gott gesündigt zu haben, wird sie das in ihrem eigenen Leben prägen und sie erhalten für ihr Leben eine gute Grundlage zur Ernsthaftigkeit des Wortes Gottes als unfehlbaren Wegweiser für das Leben und ebenso auch zur Erkenntnis der Sünde.

Wir können unserer Verantwortung für die zukünftigen Generationen auch dadurch gerecht werden, dass wir regelmäßig für unsere Kinder und Enkel beten. Die Sorge um die Rettung unserer Kinder aber ebenso auch die Sorge um ein anschließendes fundiertes geistliches Wachstum unserer Kinder (und aller weiterer Nachkommen) liegt gottesfürchtigen Eltern gewöhnlich allein von der Natur der Sache her auf dem Herzen. So werden die Eltern sie zu Hause in den gemeinsamen geistlichen Gemeinschaften innerhalb der Familie aber ebenso auch zu anderen Tageszeiten und bei vielen anderen Gelegenheiten im Gebet zu Gott bringen.

Eine wichtige Aufgabe kommt neben den Eltern auch den Großeltern zu. Dieser Aspekt wird von David Cloud in einer empfehlenswerten Broschüre betont. Darin schreibt er einige ermutigende

---

59 Ryle, S. 37-38.

Worte an seine Schwiegereltern, damit sie den Dienst an der jüngeren Generation als von Gott gegebene Aufgabe annehmen.[60]

Gelegentlich erfahren wir von Zeugnissen, dass Eltern sich am Bett des schlafenden Kindes hingekniet und dort Gott besonders um die Rettung und Bewahrung ihrer Kinder gebeten haben.

Wir geben unseren Kindern also von Anfang an ein Vermächtnis mit. Dies geschieht auf mehrfachen Ebenen, wovon einige zusammenfassend genannt werden sollen:

a) die eigene Persönlichkeit

b) die eigene Emotionalität

c) Unterstützung in der allgemeinen und konkreten Entwicklung des Kindes (z.B. Sprache, Motorik)

d) das geistliche Leben im Vorleben und Belehren.

In diesem Zusammenhang beschäftigt uns speziell die Frage, welches Vermächtnis wir unseren Kindern mitgeben und ab wann wir es ihnen mitgeben.

60 Cloud, S. 45.

V. DAS „ZUERST" DES GEISTLICHEN

Wenn wir unser Leben mit Gott ernst nehmen, spiegelt sich das auf natürliche und vollkommen selbstverständliche Weise in unserem Alltag wieder. Viele Stellen in der Heiligen Schrift zeigen uns die Wichtigkeit einer Vorrangstellung des Lebens mit Gott. Da uns in Christus eine Fülle an Segnungen gegeben ist (Epheser 1,3), und Christus ein Leben „im Überfluss" schenkt (Johannes 10,10, SL 2000), werden wir zum Lob Gott gegenüber aufgefordert. Aber ebenso werden wir aufgerufen, Ihm zu dienen (1. Thessalonicher 1,8-10) und über alles zu achten. Christus Jesus ist in dieser Hinsicht sogar ganz radikal und sagt unmissverständlich, dass der Mensch sich klar entscheiden muss, wem er dienen will: *„[...] wer nicht allem absagt, was er hat, kann nicht mein Jünger sein"* (Lukas 14,33).

Sehr bekannt ist die Aufforderung unseres Herrn Jesus in Matthäus 6,33: *„Trachtet zuerst nach dem Reich Gottes und nach seiner Gerechtigkeit, so wird euch solches alles zufallen."* Der Begriff „trachten" beinhaltet von der Bedeutung des griechischen Wortes (dzäteo, griech. ζητέω) her das Untersuchen und Forschen, aber auch das Begehren und Wünschen[61]. Es meint also einen sehr aktiven und zielstrebigen Prozess. Das „Zuerst" meint nicht nur eine zeitliche Reihenfolge, sondern auch eine inhaltliche und drückt damit deren besondere Wichtigkeit aus.

Genau dieses biblische *„Zuerst"* sollte von christlichen Eltern immer in Bezug auf die Erziehung der Kinder angestrebt werden. Natürlich werden und müssen unseren Kindern alltäglich notwendige Dinge vermittelt werden. Selbstverständlich unterstützen wir unsere Kinder in ihrer sprachlichen, motorischen und emotionalen Entwick-

61 Bauer, S. 686.

lung und investieren viel Zeit, Kraft und Geld, damit es unseren Kindern gut geht. Ebenso ist es auch klar, dass die Kinder einen guten tugendhaften Charakter erlernen sollten.

Da wir jedoch nicht nur auf irdische und vergängliche Ziele schauen, ist es für uns sicher das **größte** Anliegen, dass unsere Kinder gerettet werden und ebenfalls Gott in ihrem Leben an die erste Stelle setzen. Sehr treffend formuliert diesen Gedanken ein Buchtitel von C. H. Zeller: „Kinder erziehen – für Zeit und Ewigkeit“[62]. Je klarer die Eltern das Leben mit Gott nicht nur betonen, sondern auch in ihrem eigenen Leben umsetzen, desto leichter wird es für die Kinder, dieses „*Zuerst*“ ab der frühen Kindheit einzuüben und später zu praktizieren. Hier spielt gerade das Vorbild der Eltern oder anderer Erwachsenen eine außerordentlich wichtige Rolle.

Sehr interessant ist in diesem Zusammenhang der Bericht von der Witwe in Zarpath. Elia geht nach dem Befehl Gottes zur Witwe, um von ihr versorgt zu werden. Er bittet überraschenderweise darum, dass die Witwe **zuerst ihm** ein Brot backe und begründet dies mit der Verheißung Gottes, dass das Mehl und das Öl nicht aufhören werden, bis es wieder regnet (1. Könige 17,13-14). Die Witwe glaubt dem Propheten und erfährt tatsächlich einen großen göttlichen Segen, indem die angekündigte Prophezeiung eintrifft.

Wir sehen hier ein sehr schönes Beispiel, dass Gott sich dazu bekennt, wenn Menschen sich zuerst um das Reich Gottes kümmern. Leider kann das Ziel der Erziehung aber auch ein anderes sein. Jakob Kröker schreibt hierzu warnend an Eltern, die andere Ziele vorziehen: „*Das Wohl ihrer Kinder finden sie im Besitz eines großen Vermögens. Sie selbst sind durchtränkt von der Mammonsliebe dieser Zeit und nun versuchen sie, ihren Sinn auch auf die Kinder zu übertragen. Das Ziel, das sie bei der Erziehung ihrer Kinder verfolgen, sind die vergänglichen Schätze dieser Erde. Anstatt dass sie ihre Kinder vor jedem möglichen Übel zu bewahren suchen, leiten sie selbst dieselben in manche Gefahren und Versuchungen hinein.*“[63]

Auch in der Namensgebung kann sich in christlichen Familien die Gesinnung der Eltern offenbaren. Für die einen ist der Klang

62 Zeller, C. H. Kinder erziehen – für Zeit und Ewigkeit. Verlag von Jaeger & Kober 1893.
63 Kröker, Jakob.

oder vielleicht die Originalität des Namens entscheidend – für die anderen geht der Wunsch nach einem gesegneten, biblischen Namen mit womöglich einem Gottesbezug vor. Das „*Zuerst*" des Geistlichen sehen wir bei der Vergabe des Namens für ein neugeborenen Kind in sehr vielen gottesfürchtigen Familien der Bibel.

Zur Zeit des Alten und Neuen Testamentes wurden Namen bewusst und meist nach deren Bedeutung vergeben. Nach Schätzungen war etwa die Hälfte aller Namen in der Bibel theophor, das heißt, sie waren mit einem Hinweis auf Gott, den allmächtigen Schöpfer, versehen.[64] Hier seien ein paar Beispiele angeführt: ***Abihu*** (= Mein Vater ist Er [= Gott]), ***Boas*** (= In Ihm [= Gott] bin ich stark), ***Daniel*** (= Mein Richter ist Gott), ***Eleaser*** (= Gott ist Hilfe), ***Elia*** (= Mein Gott ist Jahwe), ***Elisabeth*** (= Gott hält seinen Bund), ***Jesus*** (= Jahwe ist Retter), ***Lazarus*** (= Gott hat geholfen), ***Matthäus*** (= Geschenk Jahwes), ***Michael*** (= Wer ist wie Gott?), ***Nathanael*** (= Gott hat gegeben), ***Nehemia*** (=Jahwe hat getröstet).

Dem Zeugnis einer mir bekannten Person ist zu entnehmen: „*Es war für mich persönlich ein Segen, dass meine lieben Eltern mich an die Bedeutung meines Namens erinnerten, ja jedes Mal wenn ich gerufen wurde, durfte es bei mir anklingen: Peter, du hast von uns den Namen Peter bekommen (er bedeutet: Fels, Festigkeit) – wir wollten dabei, dass du fest bist im Herrn, fest stehst in Ihm! Meinem Bruder Viktor sagten sie: Viktor heißt Sieger, wir wollten, dass du Sieg hast über Sünde in deinem Leben. Es ist ein Geschenk und eine Gabe, solches Erbe im Namen mitzubekommen.*"

Wir können uns schlussfolgernd die Frage stellen: Ist der Name, den wir unserem Kind geben ein geistlicher Schatz, ein bleibender Segen? Werden wir auch noch in 20-40 Jahren unserem Kind zu berichten wissen, welche segensreiche biblische Bedeutung oder treues Vorbild aus dem Wort uns als Eltern bewegt haben, diesen bestimmten Namen mitzugeben? Werden unser Sohn oder unsere Tochter es in das eigene Leben mitnehmen und dadurch vielleicht sogar in einer Versuchung oder schweren Lebenslage bewahrt bleiben?

---

64 Mack, S. 81.

VI. JESU CHRISTI OFFENES HERZ FÜR KINDER

Das Neue Testament beschreibt uns Jesus als Sohn Gottes und zugleich als Menschen. Wir erfahren an verschiedenen Bibelstellen etwas über seine Empfindungen. Einige sollen hier aufgelistet werden:

- Er hatte Mitleid mit dem Volk Israel und war innerlich erschüttert (Matthäus 9,36).
- Er weinte über die Bewohner der Stadt Jerusalem, weil sie Gottes Reden nicht erkannt hatten (Lukas 19,41).
- Er weinte wegen des Todes von Lazarus. (Johannes 11,35).

Die Liebe von Jesu wird auch in seinem Verhalten zu den kleinen Kindern deutlich. Die Begebenheit von der Kindersegnung durch unseren Herrn Jesus selbst wird in drei Evangelien beschrieben (Matthäus 19,13-15; Markus 10,13-16; Lukas 18,15-17). Jesus Christus hielt sich auf der Ostseite des Jordans auf und belehrte das Volk. Dann wurden kleine Kinder zu Ihm gebracht. Sie waren so klein, dass sie gebracht werden mussten (während Matthäus und Markus das griechische Wort *pais* – allgemeines Wort für Kinder – benutzen, benutzt Lukas hier das Wort *brephos* – spezielles Wort für kleine oder sogar sehr kleine Kinder). Von Lukas rückschließend übersetzen wahrscheinlich deshalb manche die Parallelstellen bei Matthäus und Markus das Wort Kind mit „Kindlein“ oder „kleine Kinder“.

Die Erwachsenen, welche Kinder zum Herrn Jesus brachten, wurden von den Jüngern gescholten. Das im Urtext benutzte Wort beinhaltet die Absicht, mit einem Tadel oder ernsten Vorhalten dem

Tun einer Sache vorzubeugen.[65] Die Jünger wollten letztlich die Eltern davon abhalten, ihre kleinen Kinder zu Jesus zu bringen. Jesus Christus war darüber unwillig (unzufrieden, entrüstet, er tadelte), griff in die Situation ein und lud entgegen der abweisenden Worte seiner Jünger die Kinder zu sich ein. Er *„herzte sie"* (nach Luther), das heißt er nahm sie auf den Arm oder umarmte sie, legte die Hände auf sie und segnete sie.

Diese Begebenheit zeigt, dass sich Jesus, der Heiland, in besonderer Weise um die kleinen Kinder kümmert, auch wenn seine engsten Mitarbeiter dies zunächst nicht zulassen wollten. Diese Einstellung und Handlungsweise ist für uns ebenfalls ein Vorbild und will uns lehren, dass auch wir ein offenes Herz für Kinder haben sollen.

65 Bauer, S. 614.

VII. DIE GEISTLICHE ENTWICKLUNG FÖRDERN – AB WELCHEM ALTER?

Ab welchem kindlichen Alter fangen wir an, die Kinder in ihrer physischen oder kognitiven Entwicklung zu fördern? Wir tun es dann, wenn das Kind seine Entwicklung in diesem Bereich noch lange nicht abgeschlossen hat. Es wäre für die **sprachliche Entwicklung** eines Kindes fatal, wenn die Mutter oder der Vater mit ihren Kindern an deren ersten Geburtstag zu sprechen beginnen würden. Zu diesem Zeitpunkt wäre schon viel verpasst und nur sehr schwer aufzuholen. Von der Hirnforschung her ist bekannt, dass das kindliche Gehirn sich in den ersten drei Jahren besonders intensiv entwickelt und positiv auf Anregungen reagiert. Durch sprachliche Zuwendung zum Kind wird die Sprachentwicklung des Kindes bereits vor der Geburt angeregt. Wenn die Eltern (oder Großeltern) mit ihrem Kind spätestens ab der Geburt wie mit einem Erwachsenen sprechen, wird das kindliche Gehirn regelmäßig stimuliert und das Kind hat verbesserte Entwicklungsmöglichkeiten. Gewöhnlich fängt das Kind bei intensiver mütterlicher Zuwendung schon nach wenigen Tagen an, auf die Stimme der Mutter besonders zu reagieren.

In unserem heutigen Gesundheitssystem ist vorgesehen, dass die Neugeborenen bereits in den ersten Lebenstagen ein Hör-Screening erhalten. Damit sollen Hörstörungen möglichst früh erfasst werden. Eigene Erfahrungen mit hörgeschädigten Kindern zeigen, dass sich eine frühe Geräteversorgung (z.B. mit Hörgeräten für Säuglinge oder im Extremfall sogar mit Chochlea-Implantaten[66]) auf die gesamte Entwicklung des Kindes positiv auswirkt und die Sprachentwicklung in besonderem Maße günstig beeinflusst. Die neueren wissen-

66 Dies sind kleine Hör-Computer, welche unter die Kopfhaut eingepflanzt und mit dem Hörorgan verbunden werden.

schaftlichen Forschungen haben gezeigt, dass stark oder vollständig hörgeschädigte Kinder ihren Rückstand zur normalen Sprachentwicklung kaum aufholen können, wenn die Hörschädigung erst einige Jahre später auffällt. Je eher die Hörstörung bekannt ist, desto eher ist eine Therapie möglich. Je früher die Hörschädigung behoben oder zumindest vermindert wird, desto besser ist die Aussicht auf eine gute Sprachentwicklung.

Hierzu passen Ergebnisse aus der neueren Sprachforschung. Man weiß inzwischen, dass in den ersten Lebenstagen bzw. Lebenswochen entscheidende Grundlagen für die Sprachentwicklung der Kinder gelegt werden. Gewöhnlich wendet sich die Mutter in der ersten Zeit dem Kind mit besonders milder, eventuell auch höhertöniger Aussprache und oft mit einer besonders betonten Sprachmelodie zu. Des Weiteren wird dabei besonders deutlich gesprochen, wichtige Worte werden hervorgehoben. Die Sätze werden kurz gehalten und häufiger wiederholt[67,68]. Dabei wendet sich die Mutter dem Kind oft und besonders intensiv zu. Sie tut es mit ihrer Mimik, der Gestik und besonders mit ihrem Blick. Sie versucht dabei, die Aufmerksamkeit des Kindes zu erlangen. Gerade diese Zuwendung ist jedoch nicht nur für den Spracherwerb und die Sprachentwicklung, sondern für die gesamte psychosoziale Entwicklung des Kindes von großer Bedeutung. Dieses sogenannte „motherese" (auch Ammen-, Kinder- oder Babysprache genannt) prägt im besonderen Maße die Fähigkeit, die Muttersprache zu erlernen. Das Kind reagiert bereits nach wenigen Wochen auf die Eigenart der Muttersprache und eignet sich damit die Fähigkeit an, seine Muttersprache leichter erlernen zu können und schon bald die Stimme der eigenen Mutter von der Stimme anderer Personen zu unterscheiden.

Fachveröffentlichungen zeigen, dass sich diese Fähigkeit der Ammensprache in allen Sprachen und Kulturen beobachten lässt.[69] Wir können dieses Phänomen somit als wunderbare Gabe Gottes ansehen.

---

67 Dittmann, S. 28.

68 http://lexikon.stangl.eu/3059/ammensprache/, zuletzt abgerufen am 09.02.2018.

69 http://lexikon.stangl.eu/3059/ammensprache/, zuletzt abgerufen am 09.02.2018.

Wahrscheinlich haben wir diese Sprachart selbst schon häufiger bemerkt. Sie wird gewöhnlich nicht bewusst, sondern im natürlichen Umgang mit dem Kind automatisch angewandt. Nicht nur Eltern und Großeltern, sondern auch größere Kinder sind in der Lage, diese Sprachart im Umgang mit Säuglingen anzuwenden.

Auch neueste Forschungen bestätigen die Möglichkeit der extrem frühen kindlichen Prägung. So beschreibt Bergelson, dass Babys sehr schnell und oft von der Umgebung unbemerkt, ein Sprachverständnis entwickeln.[70] Als Konsequenz ihrer Forschungen fordert sie Eltern auf, bereits Babys als „echte kommunikative Partner" zu behandeln[71].

In Bezug auf die **motorische Entwicklung** gilt dasselbe. Wir unterstützen das Kind in der Laufentwicklung bereits, wenn es noch nicht laufen kann und warten nicht tatenlos ab, bis das Kind alles von alleine lernt. Ebenso verhält es sich mit allen anderen Bereichen der motorischen Entwicklung, wie zum Beispiel dem Essen oder Winken. Eltern heben das Kind hoch und ermöglichen damit ein vorsichtiges „Fliegen". Sie unterstützen es in der Bauch-Rücken-Drehbewegung, beim Sitzenlernen usw. Es ist bekannt, dass eine frühe motorische Förderung im häuslichen Umfeld eine Grundlage für eine weitere gesunde motorische Entwicklung der Kinder darstellt.

Wir unterstützen das Kind in der **kognitiven Entwicklung** und erklären Zusammenhänge nicht erst dann, wenn das Kind bereits gut sprechen kann. Wir tun gut daran, damit zu beginnen, wenn das Kind gerade geboren ist. Es ist von der praktischen Erfahrung und der Entwicklungspsychologie her bekannt, dass die Förderung des Kindes möglichst früh beginnen sollte, am besten spätestens mit der Geburt. Dabei können einem Neugeborenen bereits viele Zusammenhänge erklärt werden. Leider muss immer wieder beobachtet werden, dass die Aufnahmefähigkeit der Säuglinge, aber auch der Kleinkinder nicht selten massiv unterschätzt wird.

Die Gedächtnisaktivität und Merkfähigkeit entwickelt sich schon in den ersten Wochen. Bald erkennt das Kind die Stimmen der Mutter

---

70 http://www.pnas.org/content/early/2017/11/14/1712966114. Zuletzt abgerufen am 07.03.2018.

71 https://www.kinderaerzte-im-netz.de/news-archiv/meldung/article/babys-verstehen-mehr-als-wir-denken/. Zuletzt abgerufen am 07.03.2018.

und des Vaters, aber ebenso vertraute Geräusche, welche im Wohnumfeld üblich sind. Diesen Sachverhalt kann man sich zu Nutze machen und früh mit dem Kind Kinderreime und Lieder einüben. Dies geschieht zunächst über ein häufiges Aufsagen oder Vorsingen. Schon nach wenigen Lebensmonaten erkennt das Kind Melodien von Liedern und reagiert darauf. Lou Priolo bemerkt in diesem Zusammenhang: „*Die Schule für das Leben fängt bei manchem Kind durchaus schon im Alter von sechs Wochen an, selbst wenn man erst Monate später damit beginnen kann, dem Kind die grundlegenden Dinge zu lehren.*“[72]

Dieser Sachverhalt ist vielen Eltern bewusst, weshalb sie sich bemühen, die Entwicklung ihrer Kinder zu fördern. Wir halten es für richtig, unsere Kinder ab dem frühestmöglichen Zeitpunkt in der Entwicklung durch das einfache Erklären von Alltagssituationen und das Einbeziehen in den gewöhnlichen Tagesablauf zu fördern. Dazu braucht man nicht unbedingt vielfältige Förderbücher, welche systematisch Inhalte vermitteln sollen. Die kleinen Kinder lernen sehr gut im täglichen Miteinander und meist „nebenbei“. In der Mehrzahl der Fälle werden keine außerhäuslichen Fördermaßnahmen erforderlich sein. Da es leider eine steigende Zahl an Eltern gibt, welche ihre Kinder nicht ausreichend fördern, werden immer mehr Frühförderzentren eröffnet, um die fehlende Entwicklung der Kinder aufzufangen.

Kurz angemerkt werden soll an dieser Stelle jedoch, dass selbst bei maximaler Förderung nicht alle Kinder eine gute Entwicklung durchlaufen. Selbst bei der größtmöglichen Anstrengung der Eltern haben manche Kinder nicht die entsprechende eigene Veranlagung, um alle Entwicklungsprozesse regelrecht zu durchlaufen. Aber auch diese Kinder profitieren von einer bewussten Erziehung und können ihren Entwicklungsstand dadurch verbessern. In solchen Fällen können externe (außerhäusliche) Förderangebote eine gute Unterstützung sein (z.B. Krankengymnastik, Frühförderung, Logopädie, Ergotherapie usw.).

Die eigentliche Frage, die uns beschäftigt, betrifft jedoch die **geistliche** Entwicklung. Wann fangen wir damit bei unseren Kindern an?

72 Lou Priolo S. 93.

Besteht nicht die Gefahr, dass wir großen Wert auf die verschiedenen physiologischen Entwicklungen legen und uns erst nachgeordnet der geistlichen Entwicklung zuwenden? Mehrfach hörte ich die Aussage: „*Das Kind ist zu klein und kann geistliche Dinge noch nicht verstehen.*"

Parallel dazu trauen die gleichen Personen es aber ihren Kindern zu, allgemeine Dinge zu verstehen. Ein Kind ist mit einem Jahr oft schon in der Lage, beim Abschied zu winken, beim Lied „Backe, backe, Kuchen" die Hände klatschend zu bewegen und (negatives Beispiel!) das Smartphone zu bedienen und mit „Wischbewegungen" selbständig, das heißt ohne elterliche Hilfe, Bilder anzuschauen. Möglicherweise denken wir, dass geistliche Zusammenhänge von Kindern schwerer verstanden werden als normale „irdische". Gerade an dieser Stelle **setzen diese Ausführungen an** und wollen allein anhand biblischer Beispiele aufzeigen, dass eine auf Gott ausgerichtete und zu Gott hinführende Erziehung der Kinder möglichst früh beginnen sollte und wahrscheinlich in vielen Fällen erst zu spät einsetzt.

Wenn wir unsere Kinder nicht rechtzeitig entsprechend der Heiligen Schrift prägen, und damit zugleich einen Schutzwall vor moralischen Verwerfungen aufbauen, wird die Umgebung unsere Kinder wahrscheinlich in eine Richtung beeinflussen, die wir nicht gutheißen. Unser Kind wird sowieso geprägt. Deshalb sollen alle Eltern ermutigt werden, sehr früh eine gute biblische Prägung zu vermitteln. Je gottloser die Welt ist und wird, desto intensiver sollten gottesfürchtige Eltern auf eine frühe christliche Erziehung achten. „*Wenn wir unseren Kindern vom Glauben weitersagen wollen, sollten wir immer mit bedenken, dass dies nicht nur eine Sache des Denkens und Redens ist, sondern eine Sache des Herzens und des ganzen Seins.*"[73]

Lothar Käser erläutert in einem Buch den Begriff der Enkulturation[74]. Da das neugeborene Kind noch keine bestimmte Kultur kennt, wird es gewöhnlich von der Mutter als der engsten Bezugsperson geprägt. Die Kultur der Mutter wird zur Kultur des Kindes. Dieser Prozess der Übernahme einer bestimmten Kultur zunächst von der Familie, dann auch von der Gesellschaft wird als Enkulturation

73 Mack, S. 132.

74 Mack, S. 57-63.

bezeichnet. Das Kind ist sehr lernfähig und übernimmt rasch die Kultur der Umgebung. Käser schreibt: „*Bei normal entwickelten Kindern intensiviert sich der Prozess der Enkulturation in der 2. Hälfte des 1. Lebensjahres, wird im Lauf der Kindheit und Jugend immer differenzierter und endet erst mit dem Tod. Man kann davon ausgehen, dass bis zum 8. Lebensjahr etwa 80% all jener Strategien (in ihren Grundformen) gelernt sind, über die ein Individuum zur Gestaltung seines Lebens als Erwachsener verfügen wird. Die Enkulturationsphase ist nun gerade auch der Zeitabschnitt in dem Erziehung mit größter Nachhaltigkeit und Selbstverständlichkeit wirksam wird. Was jetzt an Erziehungsarbeit nicht geschieht, kann in späteren Lebensphasen fast nicht nachgeholt werden. Es ist davon auszugehen, dass nach Abschluss etwa des 10. Lebensjahres die Erziehungsfähigkeit des Menschen abnimmt bzw. die Bereitschaft eines Kindes, sich erziehen zu lassen. [...] Wer meint, Defizite, die dabei entstanden sind, in der Zeit nach dem 10. Lebensjahr noch abbauen zu können, macht sich Illusionen.*“[75] Genauso wird in dieser Zeit das Gewissen geprägt und damit eine Grundlage für moralisches Denken und Verhalten gelegt. Da wir an einen allmächtigen Gott glauben, dürfen wir davon ausgehen, dass eine Prägung und Korrektur auch nach dem 10. Lebensjahr möglich ist, obwohl diese danach deutlich erschwert ist. Zeller schreibt ähnlich, dass „*in dem Kindesalter, d.i. in den ersten sieben bis acht Jahren, [...] alle körperlichen Seelenwerkzeuge am weichsten und also für alle Eindrücke von außen am offensten und empfänglichsten sind.*“[76]

Der Kirchenvater Hieronymus schrieb zu dieser Thematik etwa 420 v. Chr.: „*Es ist schwierig, später auszumerzen, was der jugendliche Geist in sich aufgenommen hat.*“[77]

Es gibt durchaus Eltern, welche hohe moralische Ziele haben und ihren Kindern diese Maßstäbe beibringen, ohne direkt auf Gott Bezug zu nehmen, weil sie entweder ein Leben ohne Gott führen oder als Kinder Gottes dem geistlichen Leben keinen hohen Stellenwert beimessen. Gerade hier sollte sich die geistliche Erziehung von anderen Eltern abheben, welche zwar gute Erziehungsziele verfolgen, aber

---

75 Mack, S. 59.

76 Zeller, Seelenlehre, S. 138.

77 Hieronymus II.c. Aszetische Briefe. Pädagogische Briefe. 107. An Laeta über die Erziehung ihrer Tochter.

dabei Gott ausklammern. Dieser Gottesbezug nimmt idealerweise schon vor der Geburt des Kindes einen vorrangigen Platz ein.

Eine in diesem Zusammenhang besonders interessante Beschreibung finden wir über die Entwicklung unseres Herrn Jesus Christus (diese wurde weiter oben bereits kurz skizziert). Lukas beschreibt sie folgendermaßen: *„Und Jesus nahm zu an Weisheit, Alter und Gnade bei Gott und den Menschen."* (Lukas 2,52) Diese Beschreibung knüpft an die griechische Vorstellung eines Helden an. Niemand konnte ein Held sein, der nicht körperlich und geistig gesund war. Genau diese Eigenschaften werden bei dem Knaben Jesus gefunden. Er wuchs (Lukas 2,40) und nahm an Alter[78] zu. Dieser Begriff meint eine regelrechte altersbezogene Entwicklung des Körpers. Außerdem nahm er auch an Weisheit und Gnade zu. Mir scheint, dass wir eher geneigt sind, unseren Erziehungsschwerpunkt auf die physiologische Entwicklung zu legen als auf die geistliche. Mit dieser Methodik werden unsere Kinder kaum für das Reich Gottes gewonnen.

Wenn die wissenschaftliche Forschung beweist, dass Kinder mehr verstehen als wir denken, dann sollten gerade wir Christen besonders aktiv sein, und unseren Kindern das Wort Gottes möglichst früh einprägen (5. Mose 6,7). Denn wenn die Kinder nachweislich bereits in den ersten Lebensmonaten anfangen, allgemeine Dinge zu begreifen, können sie ebenso bereits anfangen, das Wort Gottes zu begreifen. Leider handeln viele Eltern so, als ob Kinder für geistliche Dinge noch zu jung seien, während man ihnen zeitgleich zutraut, säkulare (weltliche, nicht-geistliche) Dinge begreifen zu können.

Lou Priolo schreibt hierzu: *„Wir können nie zu früh beginnen, das Denken unserer Kinder durch die Bibel zu prägen. Babys können viel früher Eindrücke aufnehmen, als uns bewusst ist. Ein Kind lernt in den ersten Lebensmonaten seines Lebens mehr, als wir uns vorstellen können. [...] Kinder können die Heilige Schrift erlernen, sobald sie fähig sind, überhaupt irgendetwas zu begreifen."*[79] Ein anderer Autor schreibt: *„Wir fangen selten zu früh an. Es gibt wunderbare Beispiele dafür, was ein Kind schon mit drei Jahren begreifen kann. Fülle ihren*

78 Nach Menge-Güthling, Langenscheidts Großwörterbuch Altgriechisch-Deutsch, 28. Auflage 1994 kann dieser Begriff ebenso mit „Körpergröße, Gestalt, Wuchs, das Äußere", aber auch mit „Mannesreife" übersetzt werden.

79 Priolo, S. 11.12.

Verstand mit der Schrift. Lass das Wort reichlich in ihnen wohnen. Gib ihnen die Bibel, die ganze Bibel, auch wenn sie noch jung sind."[80]

Ein persönliches Beispiel soll dies untermauern: Ein Neffe von mir spielte im Alter von drei oder vier Jahren mit seinen zwei jüngeren Brüdern und seiner Tante um die Weihnachtszeit „Gottesdienst". Voller Ernst zitierte er als kindlicher Prediger Lukas Kapitel 2 und benutzte den vollen Wortlaut des Bibeltextes, auch wenn manche Begriffe wie „*Cyrenius*" für ihn schwierig auszusprechen waren. Diese Textkenntnisse erstaunten die anwesenden Erwachsenen. Auf Nachfrage teilte seine Mutter mit, dass sie zu Hause oft eine CD mit dem Bibeltext gehört hätten und ihr Sohn sich wohl so den Bibeltext wortgetreu eingeprägt habe.

In der jüdischen Literatur finden wir viele sehr bildhafte Beschreibungen, welche die Bedeutung der frühen Erziehung mit dem Wort Gottes erläutern. So schreibt Rabbi Nathan: "*Wer sich so vom Kindesalter an mit der Thora beschäftigt, gleicht einer Frau, die den Teig mit warmem Wasser knetet; wer dagegen erst im Alter mit der Thora beginnt, gleicht einer Frau, die kaltes Wasser für das Kneten verwendet; bekanntlich ist der Erfolg dabei ungewiss.*"[81]

Gerade über das Hören können die Kinder sehr früh geistliche (und andere) Dinge aufnehmen, die sie prägen. Von den Sinnesorganen ist das Ohr das erste Organ, welches vollständig entwickelt ist. Es wird bereits am 22 Tage alten Embryo (ungeborenes Kind) angelegt (so genannte Ohrplakode). Ab der 16. Schwangerschaftswoche kann das ungeborene Kind bereits Geräusche hören. Es ist mit Abschluss der Ohrentwicklung in der 24. Woche bereits fähig, verschiedene Stimmen voneinander zu unterscheiden und prägt sich bereits die Stimmlage seiner Eltern ein. Das Auge wird erst ab dem 25. Tag angelegt. Die Grundlage für das Riechen wird mit der Riechplakode mit etwa 30 Tagen angelegt. Bereits in der 16. Schwangerschaftswoche kann das ungeborene Kind also nachweisbar akustische Signale wahrnehmen. Es nimmt besonders die Stimme der Mutter wahr. Das Kind reagiert deshalb bereits ab Mitte der Schwangerschaft auf verschiedene Hörreize (akustische Reize) und zuckt bei lauten Ge-

80 Ryle, S. 28.

81 In: Müller, Peter, S. 153.

räuschen bereits zusammen. Die Bibel beschreibt, dass Gott das Ohr „*gepflanzt*" hat (Psalm 94,9), wörtlich ist damit ein „*eingraben*" gemeint, wie ein Baum oder ein Garten gepflanzt wird (vgl. 1. Mose 2,8) und beschreibt das Handeln Gottes im Verborgenen (vgl. Psalm 139,13-16). Das „Hören" ist sowohl in der alt- als auch neutestamentlichen Literatur ein zentrales Wort der Erziehung (vgl. z.B. 5. Mose 4,1; 5,1; 6,3.4; 31,13; Johannes 5,24; 10,3; Offenbarung 1,3; 2,7).

So wie die Eltern sich auf ganz natürliche und vielfältige Weise ihrem kleinen geliebten „Schatz" zuwenden, so sollte es für Kinder Gottes normal sein, dass Wort Gottes von Geburt an bei den Gesprächen mit dem Säugling einfließen zu lassen.

An dieser Stelle soll noch ein biblisches Beispiel erwähnt werden, welches die Reaktion eines ungeborenen Kindes beschreibt. Als Maria erfährt, dass ihre Verwandte Elisabeth im sechsten Monat schwanger ist, macht sie sich unverzüglich auf den Weg dorthin. Als sie Elisabeth begrüßt, reagiert – wir bedenken, dass das ungeborene Kind noch keine sechs Monate der Entwicklung im Mutterleib hinter sich hat (heute würden wir von der 20. bis 24. Schwangerschaftswoche sprechen) – das Kind auf die Stimme einer anderen Person (Lukas 1,39-44). Die Bibel benennt mit dieser recht einfachen Beschreibung eine Wahrheit, zu deren Bestätigung heute komplexe wissenschaftliche Forschungen erforderlich sind. Sicherlich ist hier Gottes Wirken erkennbar, dennoch erfahren wir als Nebenaussage, dass Kinder bereits in sehr zartem Alter auf akustische Signale reagieren können.

VIII. BIBLISCHE BEISPIELE FRÜHER GEISTLICHER ERZIEHUNG

A. DIE KINDER IM GOTTESDIENST

Dieser Abschnitt behandelt den Aspekt, inwiefern die Bibel uns Informationen über die Teilnahme von Kindern am Gottesdienst gibt. Nach Aussagen mancher Eltern ist anzunehmen, dass viele Kinder während gemeinsamer Gottesdienste in der Gemeinde zu Hause gelassen werden (oder ein Elternteil mit den Kindern zu Hause bleibt), weil die Eltern der Meinung sind, das Kind würde dort nicht viel mitbekommen. Natürlich stellen sich Fragen, ob es sich lohnt, die Kinder regelmäßig mitzunehmen, gerade wenn die Kinder klein sind und der Tagesablauf dadurch verändert werden muss. Manche Familien entscheiden sich gar dafür, während der Gottesdienste in ihrer Ortsgemeinde mit ihren Kindern einer Freizeitbeschäftigung nachzugehen.

Im Folgenden werden einige Versammlungen erwähnt, welche die Anwesenheit von Kindern beschreiben. Dabei wird das Augenmerk auch darauf liegen, ob die Bibelstellen uns Informationen über das Alter der anwesenden Kinder geben.

1. Beispiele von Versammlungen im Alten Testament

a. Ganz Juda betet zum Herrn (2. Chronik 20,13)

„Und ganz Juda stand vor dem Herrn mit ihren Kindern, Frauen und Söhnen." Juda wurde zur Zeit der Königherrschaft von Josaphat von drei Feinden bedroht. Josaphat ließ ein Fasten ausrufen. Zu dieser Versammlung kamen viele Menschen zusammen (Vers 4), um wegen der militärischen Bedrohung zu Gott zu beten. Zunächst

heißt es ganz allgemein: *„Und Juda kam zusammen"* (Vers 4). Einige Verse weiter (Vers 13, s.o.) wird eine Präzisierung vorgenommen. Wenn sich *„ganz Juda"* versammelte, waren gewöhnlich nicht nur die Männer, sondern auch die Frauen und die Kinder dabei. Untersucht man den Begriff, der hier für die Kinder verwendet wird, so fällt auf, dass es sich um noch recht kleine Kinder handelt. Sie waren noch nicht marschfähig[82] und somit von den Eltern abhängig. Es ist faszinierend, dass auch sehr kleine Kinder durch ihre Anwesenheit ebenfalls Mit-Zeugen einer wunderbaren Führung und Rettung werden (Vers 14).

b. Ganz Israel hört das Gesetz (2. Mose 19,10-17)

Vor der Gesetzgebung forderte Gott Mose auf, das Volk zur Heiligung aufzurufen, denn der Herr würde vor dem ganzen Volk auf den Berg Sinai herabfahren. Zweimal wird ausdrücklich vom *„ganzen Volk"* gesprochen (Verse 11.16) und mehrmals allgemein vom Volk (Verse 10.12.14.17), wobei auch hier das ganze Volk gemeint sein muss. Letztlich wird das ganze Volk Israel Zeuge der Gesetzgebung.

c. Ganz Israel bestätigt den Bund mit Gott (5. Mose 29,9-10)

Das Volk Israel steht kurz vor dem Übergang in das verheißene Land. Mose erinnert sie noch einmal an besondere göttliche Führungen und fordert sie auf, den Bund, den Gott mit seinem Volk geschlossen hatte, zu bestätigen. Die Zusammenstellung der Versammlung wird recht genau beschrieben: *„Ihr stehet heute alle vor dem Herrn, eurem Gott, die Obersten eurer Stämme, eure Ältesten, eure Vorsteher, ein jeder Mann in Israel, eure Kinder, eure Frauen, dein Fremdling, der in deinem Lager ist [...]"* Zunächst ist wieder von *„alle"* die Rede, um etwas später diese *„alle"* konkret zu beschreiben. Und wieder sind Kinder dabei, welche ebenso wie die Erwachsenen Zeugen des Bundes Gottes mit seinem Volk werden. Es sind wieder Kleinkinder darunter, welche nicht marschfähig[83] sind.

d. Mose übergibt sein Amt vor dem Volk an Josua (5. Mose 31,11-13)

Mose weiß nun, dass er bald sterben wird. Er übergibt sein Amt an Josua und ermutigt ihn zum Vertrauen auf Gott. Mose weist zugleich

---

82 Gesenius, S. 427. (hebr. taf, טַף; so auch z.B. in 1. Mose 43,8; 45,19; 46,5; 2. Mose 10,10; 4. Mose 16,27).
83 idem.

an, dass das Gesetz alle sieben Jahre vor dem ganzen Volk (zweimal in Vers 11 erwähnt) vorgelesen werden soll. Der nächste Vers beschreibt, wer mit dem „ganzen Volk“ gemeint ist (Vers 12): *„Männer, Frauen, Kinder, Fremdlinge“*. Wieder sind es die Kleinkinder[84], die hier aufgezählt werden. Interessant ist die Begründung für die Anwesenheit der Kinder (Vers 13): *„dass ihre Kinder, die es nicht wissen, auch hören und lernen den Herrn euren Gott alle Tage zu fürchten [...]“*.

e. Ganz Israel hört den Segen und den Fluch (Josua 8,34.35)

Diese Stelle beschreibt die Versammlung, bei der das Volk neben den Bergen Ebal und Garizim steht. Dort werden der Segen und der Fluch vorgelesen. Zunächst heißt es, dass die ganze Versammlung dabei war (Vers 35), dann wird diese wieder genauer beschrieben: *„mit Frauen, Kindern und Fremdlingen“* (Vers 35). Mit den Kindern sind wieder Kleinkinder[85] gemeint.

f. Esra bekennt die Sünden vor dem ganzen Volk (Esra 10,1)

Während Esra die Sünden des Volkes bekennt, kommen immer mehr Menschen zusammen und weinen. An dieser Versammlung nehmen Männer, Frauen und Kinder teil. Von der Wortbedeutung des Begriffes „Kind“ in diesem Vers ist eine Altersspanne von ungeborenen Kindern bis hin zu Jugendlichen eingeschlossen[86].

g. Aufruf des ganzen Volkes zur Buße (Joel 2,16)

Das Volk wird zu Buße aufgerufen und zu einer Versammlung zusammengerufen: *„Versammelt das Volk, heiliget die Gemeinde, sammelt die Ältesten, bringt zusammen die jungen Kinder (a)[87] und Säuglinge (b)[88]“*, sogar die Hochzeit sollte angesichts der aktuellen Situation verschoben werden (2,16b). Der Begriff *„Kinder“* meint Kinder, welche noch nicht den Jugendlichen zugerechnet werden können, also noch kleine Kinder (a) sind und „Säuglinge“ solche, welche noch gestillt werden (b).

---

84 idem.

85 idem.

86 *Jäläd*, hebr. יֶלֶד: Dieses Wort wird als allgemeiner Begriff für „Kind“ benutzt und schließt die Altersspanne von Ungeborenen bis hin zu Jugendlichen ein.

87 *Olal*, hebr. עוֹלָל.

88 *Janak*, hebr. יָנַק.

2. Beispiele von Versammlungen im Neuen Testament

a. Hören auf Jesu Christi Worte (Matthäus 14,21; 15,38)

Matthäus 14,21: Wir lesen hier von einer wunderbaren Speisung, bei welcher 5000 Männer durch ein göttliches Wunder ernährt werden. Da ausdrücklich darauf hingewiesen wird, dass in dieser Zahl Frauen und Kinder nicht einbezogen sind, können wir annehmen, dass diese dabei waren. Beim synoptischen Vergleich[89] erfahren wir, dass im Johannesevangelium (6,9) ein Kind (*paidarion*, grch. παιδάριον, Kindlein, sehr kleines Kind) beschrieben wird, welches sich noch unter der Hand der Mutter befindet.[90] Dieses Wort wird auch in Matthäus 11,16 benutzt und beschreibt dort ein spielendes Kind.

Matthäus 15,38: Bei der Speisung der 4000 wird ebenfalls eingefügt, dass in dieser Zahl Frauen und Kinder noch nicht einbezogen sind und somit die tatsächliche Zahl der Personen mit den Frauen und Kindern, die gegessen hatten und satt wurden (Markus 8,8), deutlich höher war. Auch hier ist davon auszugehen, dass die Eltern ihre kleinen Kinder ebenfalls bei sich hatten.

b. Die Kinder werden zu Jesus Christus gebracht (Matthäus 19,13)

Kinder werden zu Jesus Christus **gebracht**, damit er für sie betet. Die biblische Beschreibung ist interessant und sagt uns, dass die Kinder offensichtlich noch zu klein waren, um alleine zu dem Herrn Jesus zu gehen.

c. Lob Gottes aus dem Mund von Kindern (Matthäus 21,15)

Beim Einzug Jesu in Jerusalem schreien Kinder im Tempel. Der Einzug Jesu ist ein wichtiges Ereignis und wieder sind Kinder dabei. Das Schreien der Kinder war so auffällig, dass sich sogar die Pharisäer und Schriftgelehrten entrüsteten (Vers 15). *„Hosianna dem Sohne Davids"*, riefen sie. Es ist wieder normal, dass Kinder dabei sind.

d. Kinder im Gottesdienst in Tyrus (Apostelgeschichte 21,1-5)

Nach Apostelgeschichte 21,1-5 war Paulus auf der dritten Missionsreise unterwegs nach Jerusalem und blieb nach der Überquerung des Mittelmeeres sieben Tage in Tyrus. Als er weiterreisen wollte,

89 Synopse: Damit ist eine vergleichende Gegenüberstellung von gleichen Begebenheiten in den verschiedenen Evangelien gemeint.

90 Menge-Güthling, S. 511.

begleitete ihn die Gemeinde zum Abschied. Lukas beschreibt diese Situation wie folgt: *„[...] wir zogen aus und reisten weiter. Und sie geleiteten uns alle, mit Frauen und Kindern bis hinaus vor die Stadt, und wir knieten am Ufer nieder und beteten"* (Vers 5). Waren die Frauen und Kinder nur beim Abschied dabei und liefen zusammen, weil es eine besondere Situation war? Wohl nicht, sie haben höchstwahrscheinlich auch am Gottesdienst teilgenommen.

e. Die Kinder in den Versammlungen der Gemeinde

In den Briefen des Apostels Paulus werden mehrfach Kinder angesprochen. Wann sollten die Kinder diese Inhalte denn mitbekommen? Zum Verständnis: Die damals verschickten Briefe wurden in der Gemeinde vorgelesen. Paulus schreibt zum Beispiel an die Kolosser folgendes: *„Und wenn der Brief bei euch gelesen ist, so schafft, dass er auch in der Gemeinde zu Laodizea gelesen werde und ihr den von Laodizea lest"* (Kolosser 4,16). Dieser Brief spricht Männer und Frauen, Kinder, Väter, Sklaven und Herren an. Dabei werden diese einzelnen Gruppen ganz direkt angesprochen: *„Ihr Frauen [...]* (3,18), *ihr Männer [...]* (3,19), *ihr Väter [...]* (3,21), *ihr Knechte [...]* (3,22), *ihr Herren [...]* (4,1)." Genauso werden aber auch die Kinder angesprochen: *„Ihr Kinder [...]* (3,20)."[91] Alle sind dabei, alle werden angesprochen. Auch im Epheserbrief sehen wir, wie auf ganz natürliche und direkte Art neben verschiedenen anderen Gruppen auch die Kinder (Epheser 6,1) angesprochen werden. Offensichtlich waren die genannten Gruppen im Gottesdienst dabei und konnten somit direkt angesprochen werden.

Wenn Kinder im Gottesdienst sind, setzt das die Anwesenheit der Eltern voraus. Wir haben gesehen, dass sowohl im Alten als auch im Neuen Testament Kinder bei den Versammlungen dabei waren und zusammen mit ihren Eltern Zeugen wichtiger und zum Teil wundersamer Handlungen waren.

Man muss mit der Heiligen Schrift in einem gewaltigen Konflikt sein, wenn man nicht versteht (oder nicht verstehen will), dass Kinder zum

---

91 Die „Haustafeln" in der säkularen Antike beinhalten immer nur eine Seite (Männer, Herren, Väter). Insofern ist die von Luther so genannte „Haustafel" in der Bibel für die damalige Zeit etwas Besonderes und benennt die Paare Männer-Frauen, Herren-Knechte und Väter (Eltern)-Kinder. Dies zeigt, dass Gott sich allen Bevölkerungsgruppen gleichermaßen zuwendet und keinen vernachlässigt.

Gottesdienst dazugehören. Somit haben wir eine klare Grundlage dafür, die Kinder – so weit möglich – zum Gottesdienst mitzunehmen.

Ich bin davon überzeugt, dass sogar Kinder, welche während der Gottesdienste auf dem Schoß der Eltern oder im Kinderwagen schlafen, genauso in der Gegenwart Gottes sind wie Erwachsene, welche aufmerksam dem Wort Gottes zuhören. Ein ganz praktisches Beispiel: Wenn Seelsorger schwer kranke Glaubensgeschwister auf der Intensivstation besuchen, erleben sie immer wieder, dass selbst scheinbar vollständig komatöse Patienten auf Ansprache, Lesen des Wortes Gottes oder das Gebet mit einem Anstieg des Blutdruckes und der Herzfrequenz reagieren. Oft wird die Aufnahmefähigkeit schwerkranker Menschen unterschätzt. Sie können wahrscheinlich in vielen Fällen mehr Information aufnehmen, als der gesunde Betrachter vermutet. Warum sollten dann Kinder, selbst wenn sie schlafen, nicht auch etwas von der gesegneten Atmosphäre eines Gottesdienstes mitbekommen? Es geht dabei ja nicht um ein gesellschaftliches Treffen, sondern um eine Zusammenkunft der Gläubigen in der Gegenwart des heiligen und wirkenden Gottes. Deshalb ist es von großer Wichtigkeit, dass am Gottesdienst die ganze Familie mit allen ihren Kindern teilnimmt und zeitgleich möglichst keinerlei Parallelveranstaltungen, wie zum Beispiel Kinderstunden oder Kindergottesdienste, stattfinden.

B. KONKRETE BIBLISCHE BEISPIELE

Bevor wir einige einzelne Personen der Bibel und deren geistliche Früherziehung betrachten werden, soll hier, weil es sich auf die Betrachtung der Kindheit von Mose und Samuel auswirkt, kurz auf die Stilldauer in biblischer Zeit eingegangen werden.

Wie lange in alter Zeit gestillt wurde, kann in etwa geschätzt werden. Der 2. Makkabäerbrief gehört zwar nicht zum biblischen Kanon, gibt jedoch einiges aus dem Denken und der Lebensweise der Juden wieder. Nach Kapitel 7,28 wurde der dort genannte Sohn einer Hebräerin drei Jahre gestillt. Andere historische Überlieferungen geben eine Stillzeit von fünf bis sechs Jahren an. Naturvölker stillen nach Angaben verschiedener Fachleute auch heute noch zum Teil sieben Jahre lang.

Auch aus aktueller Zeit stehen uns einzelne Berichte zur Verfügung, die über eine Stilldauer von bis zu 12 Jahren berichten. Wir können aus diesen Information grob annehmen, dass Mose und Samuel damals circa fünf bis sechs Jahre lang bei den Eltern sein konnten (Stilldauer) und in dieser Zeit eine intensive geistliche Belehrung erhalten haben. Von dieser Lehrpraxis können wir ausgehen, weil gottesfürchtige Juden wie damals so auch heute gemäß der göttlichen Anordnung ihren Kindern Gottes Handeln in der Geschichte ihres Volkes erzählt haben. Zudem wurden die Thora[92] und die anderen Schriften des Alten Testamentes regelmäßig vorgelesen und erklärt.

Dieses Vorlesen der Thora geschah gewöhnlich in der Synagoge. Da üblicherweise die Schriften des Alten Testamentes zu Hause nicht verfügbar waren, bemühten sich die Juden, sich den hebräischen Text zu merken und ihn immer wieder vor sich her aufzusagen. Da der hebräische Ur-Text seit deren Niederschrift nicht verändert worden ist, besteht eine reelle Chance, allmählich den biblischen Text auswendig zu lernen.[93] So formuliert es Moshe Ben Moshe, welcher die neugeschriebenen biblischen Texte auf deren Fehlerlosigkeit kontrolliert, folgendermaßen: *„Man darf nichts ändern. Und in der Tat: In allen Ländern, im Westen wie im Osten, ob in Deutschland, Polen, im Jemen oder in Spanien, überall, wo Juden für 2.000 Jahre im Exil gelebt haben, wurde in jeder Thora exakt das Gleiche geschrieben.“*[94] Nur durch die exakte Überlieferung liegt uns der biblische Text so vor, wie er unter der Leitung des Heiligen Geistes den Menschen gegeben worden ist[95].

Als Nebengedanke sei hier kritisch angemerkt: In der heutigen Zeit erscheinen inzwischen im Abstand von wenigen Jahren neue Bibel-Übersetzungen oder –Übertragungen. Werden für den eigenen oder gemeindlichen Gebrauch immer wieder andere Übersetzungen einge-

---

92 Dies sind die fünf Bücher Mose.

93 Es gibt sogar mindestens ein Zeugnis aus der aktuellen Zeit, dass ein jüdischer Archäologe den gesamten Text des Alten Testamentes Wort für Wort auswendig kennt.

94 https://www.deutschlandfunk.de/thora-schreiber-die-hueter-der-heiligen-schrift.886.de.html?dram:article_id=381108, Abruf am 28.11.2018.

95 Es gibt nur wenige Stellen in der gesamten Bibel, bei denen der exakte Wortlaut nicht bekannt ist. Dabei handelt es sich jedoch nur um Stellen, welche keine Auswirkung auf den Inhalt der Heiligen Schrift haben. Die Forschung am Text nennt man Textkritik. Im Gegensatz dazu befasst sich die vom Autor abgelehnte historisch-kritische Exegese mit einer zeit- und kulturabhängigen Auslegung und steht damit im Gegensatz zur Verbalinspiration der Heiligen Schrift.

setzt, wird das Auswendiglernen des Bibeltextes erschwert. In der Vergangenheit hat gewöhnlich eine Generation der Gläubigen zu Hause, in den Versammlungen und bei anderen Zusammenkünften mit Kindern Gottes nur mit einer Bibelübersetzung gearbeitet. Somit wurde immer der gleiche Wortlaut gelesen, gehört und durch die Wiederholungen auch besser behalten. Eine Notwendigkeit für so viele Bibelübersetzungen und Übertragungen besteht nach meiner Ansicht nicht, zumal bereits ausreichend gute Übersetzungen vorhanden sind.

Doch jetzt zurück zum eigentlichen Gedanken: Dass die Eltern von Mose und Samuel gottesfürchtig waren, kann der biblischen Beschreibung entnommen werden und bedarf hier keiner weiteren Erläuterung. Folglich haben sie ihren Kindern gemäß der Anweisung Gottes Wort vermittelt.

1. Mose

Das Leben Moses ist ein besonders gutes Beispiel dafür, dass eine frühe geistliche Erziehung sehr wichtig ist. Die Juden, besonders die gottesfürchtigen, haben den Auftrag Gottes zur Weitergabe der Handlungen Gottes und seines Wortes sehr ernst genommen. Dass die Eltern von Mose aus Glauben handelten, wird uns in Hebräer 11, dem Kapitel der Glaubenshelden, beschrieben. Neben Abraham und Sarah ist dies das zweite Ehepaar, welches dort erwähnt wird (Hebräer 11,23: *„seine Eltern“*[96]). Diese Bibelstelle beschreibt zugleich, dass sie Gott mehr fürchteten als das Gebot des Königs. Dies alles sollte nicht ohne Auswirkung auf den kleinen Mose bleiben. Da Amram und Jochebed (2. Mose 6,20) ihren Sohn Mose nur drei Monate zu Hause verstecken konnten, setzten sie ihn am Ufer des Flusses in einem Kästchen aus Schilfrohr aus.

Durch Gottes Gnade und Schutz wurde er bereits drei Monate lang entgegen des Befehls des damaligen Königs nicht in das Wasser geworfen und somit vor dem Tod durch Ertrinken bewahrt. Als die Königstochter das kleine hübsche Kind im Körbchen erblickte, beschloss sie, ihn als ihren Sohn anzunehmen. Da der kleine Junge gestillt werden musste, durfte er noch einige Jahre zu Hause sein und

96 Das im griechischen Urtext benutzte Wort *pateres* (grch. πατέρες) ist vom Stamm „Vater“ abgeleitet, meint aber die Eltern, also Vater und Mutter. Allein die Wortwahl für Eltern drückt eine gewisse Verantwortungsstellung des Vaters aus (vgl. Menge-Güthling, S. 1282).

wurde von seiner Mutter ernährt. Wir können davon ausgehen, dass Mose zu Hause nicht nur physisch mit der Muttermilch, sondern auch geistlich mit Gottes Wort ernährt wurde. Die Eltern wussten, dass ihr Sohn nur eine begrenzte Zeit bei ihnen bleiben konnte und nutzten sicherlich die Zeit intensiv, um ihm viel über das Leben mit Gott, dem Allmächtigen, mitzuteilen.

Als Mose nicht mehr gestillt wurde, wurde er zur Tochter Pharaos gebracht (2. Mose 2,10). Die Bibel gibt uns keine konkrete Information darüber, wie alt Mose zu diesem Zeitpunkt war. Wir wissen aber, dass die nur wenige Jahre lange Prägung zu Hause so intensiv war, dass er – ohne in der Zwischenzeit weitere Kontakte zum Elternhaus zu haben – als Erwachsener beschloss, nicht mehr ein Sohn der Tochter Pharaos zu sein (Hebräer 11,24-26). Er hatte in den wenigen jungen Jahren offensichtlich so viel geistliche Prägung erfahren, dass er in seiner weiteren Ausbildung am königlichen Hof den Glauben an den wahren Gott nicht aufgab und später einen gesegneten Dienst für Gott tun konnte.

Was lehrt uns dieses kurzgefasste Lebensbild?

- Der Glaube der Eltern wirkt sich auf die Kinder aus.
- Eine frühe geistliche Erziehung prägt die Kinder ihr Leben lang[97].
- Wir haben nur eine begrenzte Zeit, in welcher wir unsere Kinder intensiv prägen können.
- Mose wird als kleines Kind in ein gottloses Umfeld gegeben, und ist später dennoch befähigt, ein Glaubensleben zu führen.

2. Samuel

Die Geburt Samuels war für Hanna ein besonderes Zeichen, nachdem sie Gott innig um einen Sohn gebeten hatte. Dabei ging es Hanna jedoch nicht so sehr um die Erfüllung ihrer eigenen Wünsche als Ehefrau, sondern es ging ihr um Gott. Sie wollte den Sohn, den Gott ihr schenken würde, Gott lebenslänglich zurückgeben (1. Samuel 1,11). Damit meinte Hanna nicht die Dauer ihres eigenen Lebens, sondern die Lebensdauer des Sohnes (*„sein Leben lang“*, vgl. Verse 11.22.28). Als der vom Herrn Erbetene (Bedeutung des Namens Sa-

97 Jede andere Erziehung prägt die Kinder ebenfalls lebenslänglich.

muel) geboren war, war es Hanna klar, dass sie ihren ersehnten Sohn nur für einige Jahre haben würde. Sie sagte zu ihrem Mann: „*Wenn der Knabe entwöhnt ist, will ich ihn dem Herrn bringen, dass er vor dem Herrn erscheine und dort für immer bleibe*" (1. Samuel 1,22). Als sie ihn abgestillt hatte, zog sie mit ihrem Mann Elkana zum Tempel und übergab ihren Sohn dem Priester Eli mit den Worten: „*Um diesen Knaben bat ich. Nun hat der Herr meine Bitte gegeben, die ich von Ihm bat. Darum gebe ich ihn dem Herrn wieder sein Leben lang, weil er vom Herrn erbeten ist*" (1. Samuel 1,27-28). Auch Samuel wird zu diesem Zeitpunkt etwa fünf bis sechs Jahre alt gewesen sein, die Bibel berichtet, dass er „*noch jung*" war (1. Samuel 1,24).

Diese Begebenheit lehrt uns:

- Die Kinder gehören letztlich nicht den Eltern, sondern dem Herrn, der sie ihnen gegeben hat, auch wenn die Eltern die Aufgabe haben, gut für ihre Kinder zu sorgen und sie für den Herrn und zu Ihm hin zu erziehen.
- Die Kinder sollen von Anfang an dem Herrn geweiht werden, damit sie Ihm ihr Leben lang dienen. Damit treten die persönlichen Interessen der Eltern für ihre Kinder zurück.
- Die Eltern Samuels haben die wenigen Jahre bis zum Abstillen gut genutzt, um ihn auf seinen Dienst in der Stiftshütte vorzubereiten. So erhielt er von Anfang an eine gute Grundlage für sein späteres Leben.
- Samuel wird in ein geistlich schwieriges Umfeld gegeben (die Söhne Elis handeln gottlos), und dennoch reift er zu einem wertvollen Mitarbeiter Gottes heran.

3. Joas

Joas war in der Geschichte der Könige eine Ausnahme. Die biblische Geschichte berichtet uns, das neben Joas auch Josia noch im Kindesalter den Thron bestiegen hatte.

Nach dem Tode Ahasjas veranlasste seine Mutter Athalja, dass vom königlichen Geschlecht alle umgebracht würden und machte sich selbst zur Königin. Es gelang ihr auch fast, alle Widersacher und Nachkommen Ahasjas umzubringen. Doch Gott wachte über seine Verheißung David gegenüber, und ließ auf wundersame Weise einen Nachkommen Ahasjas am Leben. Er gebrauchte dazu Joseba, die Schwester Ahasjas. Sie nahm Joas heimlich aus der Mitte der Königssöhne und brachte ihn mit seiner Amme in eine Bettenkammer (2. Könige 11,2). Joas wurde insgesamt sechs Jahre lang im Hause Gottes großgezogen, bevor er im Alter von sieben Jahren zum König gekrönt wurde. Da Joseba die Frau des Hohenpriesters Jojada war (2. Chronik 22,11), können wir davon ausgehen, dass Joas bereits in seiner frühesten Kindheit im Gesetz Gottes unterwiesen wurde. Zudem wuchs er im Hause Gottes beschützt auf und wurde vor dem Baalsdienst der Athalja bewahrt.

Genau diese Aufgabe haben wir in der heutigen Zeit:

- Wir sollen unsere Kinder in die Nähe Gottes bringen („Haus Gottes") und
- sie vor Götzendienst und Gottlosigkeit beschützen.

Wir werden in der christlichen Erziehung nicht umhinkommen, die Kinder vor manchen Dingen zu bewahren und ihnen manches vorenthalten zu müssen, was ihrer Seele Schaden zufügen könnte. Dazu müssen wir selbst einen klaren Blick für Gottes Willen haben, den wir uns immer wieder erbeten und durch das Lesen des Wortes Gottes erarbeiten müssen.

Interessant ist auch hier die Zeitdauer, welche Joas im Hause Gottes versteckt wurde: Es waren sechs Jahre. Diese Zeit entspricht in etwa der Zeit, welche Mose und Samuel zu Hause bei ihren Eltern waren und dort gestillt und zugleich in der Gottesfurcht unterwiesen wurden. Nach diesem Alter sollte auch Joas fähig sein, den Willen Gottes in den Grundzügen zu kennen und zu tun. Dies ist genau das Alter, in welchem die Kinder in heutiger Zeit gewöhnlich eingeschult werden. Die sich nun anschließende Frage darf ruhig als eine segensbringende Herausforderung betrachtet werden: **Sind unsere Kinder zum Zeitpunkt der Einschulung mit dem Wort Gottes so sehr vertraut, dass sie sich in der Zeit der zunehmenden Gottlosigkeit fest und unbeirrt darauf stützen können?**

4. Jesus Christus als Säugling

Die frühe Säuglingszeit des Herrn Jesus ist durch zwei einschneidende und zeitlich voneinander unabhängige Ereignisse gekennzeichnet.

Als Jesus **acht Tage** alt war, wurde er beschnitten und erhielt den Namen Jesus (Lukas 2,21; 3. Mose 12,2-3). Diese Handlung fand offensichtlich im häuslichen Umfeld statt, denn Maria musste nach der Geburt eines Sohnes **33 Tage** lang zu Hause bleiben (3. Mose 12,4). Diese Zeit wurde nach Ablauf einer Woche nach der Entbindung gezählt, in welcher die Mutter als unrein galt, so dass die Mutter nach der Geburt eines Sohnes **40 Tage** (7 Tage + 33 Tage) zu Hause bleiben musste. Erst **nach** dieser Zeit wurde Jesus von Maria und Joseph in den Tempel gebracht, damit sie dort das Reinigungsopfer bringen konnten (Lukas 2,24; 3. Mose 12,8). Die Vorschriften dazu finden sich im Alten Testament. Die Ereignisse der Namensgebung Jesu und seiner Darstellung werden an Weihnachtstagen oft in einem Atemzug genannt, sind jedoch sowohl inhaltlich als auch zeitlich zwei unterschiedliche Ereignisse.

Diese beiden Handlungen waren nach dem Gesetz aus zweierlei Gründen erforderlich: Einmal war Jesus der erstgeborene Sohn Marias (2. Mose 13,2) und sollte Gott geheiligt werden, zum anderen sollte das Reinigungsopfer für Maria gebracht werden. Nach der Beschreibung von Lukas wurde Jesus Christus bereits in diesem Alter (ca. 40 Tage!) in den Tempel mitgenommen (Lukas 2,27-28). Diese Stelle verdeutlicht sehr schön die Selbstverständlichkeit, mit welcher Joseph und Maria das Gebot des Herrn erfüllten. Den gottesfürchtigen Eltern war mit der sogenannten Darstellung des Kindes sicher bewusst, dass sie damit nicht nur das Gebot Gottes erfüllten, sondern dass sie damit ihr Kind dem Herrn selbst brachten und sich ihrer Erziehungsaufgabe und -verantwortung vor Gott bewusst waren. Sie nahmen das Kindlein ab dem frühestmöglichen Zeitpunkt mit in den Tempel.

Die Eltern haben ihre Verantwortung für Jesus jedoch nicht nur während seiner Zeit als kleines Kind, sondern auch in seiner beginnenden Jugendzeit wahrgenommen. Sie trugen Sorge dafür, dass er mit ihnen in den Tempel ging.

Auch das ist ein sehr schönes Bild, welches die Ernsthaftigkeit der Hinführung eines Kindes bereits ab dem sehr frühen Säuglingsalter beschreibt. Deshalb ist es auch heute ein sehr schönes und wichtiges Zeichen, wenn die Eltern ihr neugeborenes Kind bald der Gemeinde zum gemeinsamen Gebet vorstellen. Wenn den Eltern damit auch die Verantwortung für die geistliche Erziehung ihres Kindes bewusst ist, werden sie spätestens ab diesem Moment ganz intensiv darauf achten, dem Kind eine gute und intensive geistliche Erziehung zu gewähren und es rasch an ein Leben in Gemeinschaft mit Gott auch in den ganz alltäglichen Situationen, aber auch in der Gemeinschaft mit anderen Kindern Gottes, nämlich der Gemeinde, zu gewöhnen.

Sicher ist es von großer Bedeutung, mit welchen Anliegen die Eltern für ihre Kinder zu Gott kommen. Es ist sehr gut, wenn nicht nur pauschal für die Errettung der Kinder, sondern ebenso auch um ihr Wachstum im Glauben, ihre Hingabe und ihre Dienstbereitschaft gebetet wird.

5. Timotheus

Timotheus wird uns vom Apostel Paulus als junger, aber auch als wertvoller Mitarbeiter vorgestellt. Er fordert ihn zu einem vorbildlichen Leben auf, damit er trotz seiner Jugend nicht verachtet werde (1. Timotheus 4,12). Er wuchs in einem gottesfürchtigen Haus auf, in welchem sowohl die Großmutter Lois als auch die Mutter Eunike ein ungeheucheltes Glaubensleben führten (2. Timotheus 5,1). Er nutzte die Vorzüge dieser Erziehung und wurde zum großen Segen für das Reich Gottes. Paulus stellt ihm das Zeugnis aus, dass er *„von Kind auf"* die Schrift kennt (2. Timotheus 3,15) und ist somit ein gutes Beispiel für den Segen einer frühen geistlichen und glaubensvollen Erziehung.

Eine interessante Aussage finden wir bei C.H. Spurgeon: *„Mit dem Begriff „von Kind auf" ist nicht etwa ein älteres Kind gemeint, sondern ein ganz junges Kind, das die erste Kindheit überschritten hat. Timotheus war von frühester Kindheit an in der Heiligen Schrift unterrichtet worden. Es soll uns damit ohne Zweifel gesagt werden, dass wir nicht zu früh damit anfangen können dem kindlichen Gemüt Schriftkenntnis beizubringen. Kleine Kinder, ja, Säuglinge, empfangen Eindrücke,* *lange bevor man es merkt. Ein Säugling lernt in den ersten Monaten seines Lebens mehr, als man denkt. Er lernt bald seine Mutter zu lieben und zu fühlen, dass er von ihr abhängig ist. Wenn die Mutter weise ist, dann lernt das kleine Wesen bald die Bedeutung des Gehorsams und die Notwendigkeit der Unterwerfung seines Willens unter einen höheren. Das kann der Schlüssel zu seinem ganzen Leben werden. Wenn es früh lernt zu gehorchen und zu folgen, werden ihm tausend Tränen erspart bleiben – und erst recht seiner Mutter. Ein guter Boden geht verloren, wenn die allerfrüheste Kindheit nicht bearbeitet wird.*“[98]

6. Obadja

Eine weitere, aber weniger bekannte Person, die wir kurz betrachten, ist Obadja. Er selbst beschreibt sich als jemanden, der den Herrn von Jugend auf fürchtet (1. Könige 18,12). Das hier benutzte Wort für Jugend kann Neugeborene aber auch Jugendliche meinen (s. Abschnitt III- A. 7), jedenfalls ist diese Person noch nicht erwachsen. Obadja drückt mit diesem Bekenntnis seine frühe Hinkehr zu Gott aus. Er bezeichnet sich selbst als Knecht des Herrn. Dieser Name wird ihm wohl gemäß der damaligen Sitte von seinem Vater gegeben worden sein.[99] Diese Namenswahl lässt vermuten, dass die Eltern selbst gottesfürchtig waren und sich deshalb in einer Zeit der Verfolgung ernster Jahwe-Anbeter mit diesem Namen bewusst der drohenden Gefahr ausgesetzt haben. Spurgeon schreibt gut nachvollziehbar: „*In der Wahl des Namens Obadja sehe ich den ernsten Wunsch der Eltern, dass ihr Junge als Diener Jahwes aufwachsen und nie vor den abscheulichen Götzen der sidonischen Königin die Knie beugen sollte.*“[100] Sehr schön ist zu sehen, dass der Sohn sich zu seinem Namen bekennt. Interessanterweise sagt er von sich: „***Dein Knecht*** (das hebräische Wort ist vom gleichen Stamm wie der Name Obadja abgeleitet[101]) *fürchtet **den Herrn** von Jugend auf*“ (1. Könige 18,12). Wir sehen, dass es außerordentlich wichtig ist, den Herrn schon in seinem jungen Alter zu fürchten.

---

98 Spurgeon, S. 120-121.

99 Dem Vater oblag in biblischer Zeit die Verantwortung dafür, dass der Sohn die Thora kennenlernte. Vgl. Müller, Peter, S. 159.

100 Spurgeon, S. 131.132.

101 Im Hebräischen sehen wir somit ein Wortspiel: Knecht (hebr. äbäd) und Herr (hebr. *Jahwe*) findet sich beides in Namen *Obad-ja* wieder. Damit bekennt sich der Knecht eindeutig zu Jahwe.

7. Die Rolle der Mutter

Die Zeit des Alten Testamentes war unter anderem dadurch gekennzeichnet, dass eine Frau, deren Leib „verschlossen"[102] war und sie somit keine Kinder bekommen konnte, sehr darunter litt. So ging es zum Beispiel Sarai (1. Mose 11,30; 16,2; 18,11). Sie wurde mit für uns unvorstellbaren 90 Jahren durch ein göttliches Wunder Mutter und gebar Isaak, den Sohn der Verheißung (1. Mose 21,1ff.). Die vorübergehende Kinderlosigkeit hat später beispielsweise auch Rebekka (1. Mose 25,21), Rahel (1. Mose 29,31; 30,1-2), der namentlich nicht erwähnten Frau von Manoah, die Mutter von Simson (Richter 13,2.3) und Hanna (1. Samuel 1,2.5ff.) Kummer bereitet. Die Unfruchtbarkeit konnte und kann[103] von Gott in Fruchtbarkeit verwandelt werden (Psalm 113,9), denn bei Gott **„ist kein Ding unmöglich"** (Lk. 1,37). Im Alten Testament war Fruchtbarkeit ein Zeichen des göttlichen Segens, der beim Erfüllen seiner Gebote gegeben wurde (5. Mose 7,14). Kinderlosigkeit war ebenso zur Zeit des Neuen Testamentes bekannt. Hierbei fällt Elisabeth, die Mutter des Johannes des Täufers, besonders auf (Lukas 1,7.36-37).

In der biblischen Zeit wurden Kinder als Gabe Gottes (Psalm 127,3) angesehen. Eine kinderlose Frau sehnte sich damals nach Kindern und hoffte, von Gott Kinder geschenkt zu bekommen. Die Kinder wurden vom Herrn erbeten. Dies fällt - wie bereits erwähnt - besonders bei Hanna auf, deren Sohn den Namen Samuel erhielt.[104] Sie versprach, den Sohn, den Gott ihr geben würde, dem Herrn zu weihen - welch eine edle Herzenshaltung. Sie wollte den Sohn nicht für sich haben, sondern ihn dem Herrn bringen (1. Samuel 1,11). Dieser Sohn sollte dem Herrn sein ganzes Leben lang gehören. Heutzutage weicht das Denken in Bezug auf Kinder deutlich vom biblischen Denken ab. Nicht selten wird die von Gott gegebene Fruchtbarkeit bekämpft.[105].

---

102 Dasselbe Wort wird für einen „verschlossenen Himmel" benutzt, der keinen Regen gibt (z.B. 5. Mose 11,17; 1. Könige 8,35). Gesenius, 18. Auflage, S. 1003.

103 Wiederholt durfte ich Zeuge sein, dass nach einem gemeinsamen Gebet Gott bis dahin kinderlosen Ehepaaren Kinder schenkte.

104 Samuel bedeutet: Vom Herrn erhört (vgl. 1. Samuel 1,20).

105 Der moderne Mensch fragt in Bezug auf Kinder meist nicht nach dem Willen Gottes, sondern passt sich dem allgemeinen Trend nach Familienplanung an. Leider geschieht dies zunehmend auch in christlichen Kreisen. Nicht selten wird durch bestimmte Verhütungsmittel die Zeugung der Kinder verhindert. Gleichzeitig sterben als reale Nebenwirkung der hormonellen (Pille, Depot-Präparate

Auch wenn Kinder nicht der einzige Inhalt einer Ehe sind, so ist doch der bei der Schöpfung von Gott gegebene Auftrag zur Vermehrung nach wie vor gültig (1. Mose 1,28).[106] Gott möchte, dass die Frauen – wie es in biblischen Zeiten üblich war – große Freude über die Mutterschaft bewahren und gewinnen.[107] Hier leuchtet als Beispiel Maria, die Mutter Jesu, hervor. Als der Engel ihr mitteilte, dass sie einen Sohn gebären würde ohne einen Mann zu haben, reagierte sie vollkommen gottergeben: *„Ich bin des Herrn Magd. Mir geschehe, wie du gesagt hast.“* (Lukas 1,38)

Neulich (07/2019) schenkte mir ein Freund das nur noch antiquarisch erhältliche Buch „Kinder – unsere Freude“[108]. Darin werden sehr viele kinderreiche Familien vorgestellt. Was imponiert, dass Kinder aus diesen Familien Kindern aus Kleinfamilien gegenüber nicht benachteiligt und nicht weniger intelligent sind. So stammen viele berühmte Persönlichkeiten aus großen Familien (z.B. Albrecht Dürer (17 Geschwister), Robert Koch (12 Geschwister), Werner von Siemens (13 Geschwister), Eduard Mörike (12 Geschwister), Johann Sebastian Bach (11 Geschwister). In diesem Buch werden noch viele andere Familien erwähnt[109]

Peter Enns schreibt 2017 in einem unveröffentlichten Vortragsmanuskript: **„Ein Nasiräergelübde sollte (in der Regel) nur eine gewisse Zeit[110] eingehalten werden, Hanna wollte ihren Sohn jedoch lebenslang Gott weihen.** Gottes Wunsch ist, dass unsere Kinder Erbetene und Erwünschte sein sollen, die von dem Herrn erworben sind. [...] Nachdem das Kind empfangen und geboren wurde, änderte Hanna ihre Gesinnung und ihr Versprechen nicht. Sie sah ihre Aufgabe und nahm sie wahr: Sie stillte Samuel und erzog ihn für den Herrn. *„Wenn der Knabe entwöhnt ist, dann will ich ihn bringen,*

usw.) oder mechanischen Verhütung (z.B. Spirale) im Mutterleib viele Kinder in einem extrem frühen Stadium der Schwangerschaft. Da wir jedes Leben vom Anfang der Entstehung bis zum Ende als schützenswert ansehen müssen, ist jede Tötung auch in den ersten Tagen eine Kindstötung.

106 Nach der Sintflut wurde dieser Auftrag wiederholt (1. Mose 9,1).

107 Leider müssen wir beobachten, dass ein zunehmend liberaleres christliches Leben sich unmittelbar auf die Zahl der Kinder in einer Familie auswirkt (eigene Recherchen zeigen einen Rückgang um etwa 50%).

108 Sievers, Eberhard.

109 Sievers, S. 131.

110 Nach der jüdischen Überlieferung waren dies gewöhnlich 30-100 Tage. Manche waren jedoch für die Dauer ihres Lebens Nasiräer (z.B. Simson oder der Prophet Samuel).

damit er vor dem Herrn erscheine und dort bleibe für immer" (1. Samuel 1,22).[111]

Wenn unsere Kinder vom Herrn erbeten und dem Herrn bereits vor ihrer Geburt geweiht werden, geben wir unseren Kindern von Anfang an hervorragende Voraussetzungen für ein gottesfürchtiges Leben mit. Wir lernen weiter von Hanna, dass sie sich ihrer Verantwortung bewusst war, ihren Sohn für Gott zu erziehen und ihn folglich für immer Gott zum Dienst abzugeben.

P. Enns führt weiter aus: „*Wenn Kinder dieser Welt ihre Kinder für große Aufgaben bzw. als außerordentliche Talente entwickeln wollen (Fußballprofis, Musikprofis, usw.) werden schon sehr früh die Weichen gestellt, die Kinder werden sehr früh [...] trainiert im Hinblick auf das* ***Erziehungsziel****! Hannas Erziehungsziel war,* ***ihn dem Herrn zu geben [...], (= Dienst für den Herrn).*** *Sie wusste, dass sie nur eine kurze Zeit für die Aufgabe bzw. den Auftrag des Herrn hatte.*

Diese Aufgabe nahm Hanna (wie auch die Mutter Moses) sehr ernst – denn ***der Knabe sollte schon bald*** *öffentlich* ***dem Herrn geweiht*** *und in* ***seinen Dienst gestellt*** *werden. [...] Das Übergeben, Weihen dem Herrn und das in Seinen Dienst stellen des Knaben erfolgt sehr bewusst, ganz, konsequent und ohne Rücksicht auf die mütterlichen oder väterlichen Gefühle und menschlichen Wünsche nach der gemeinsamen Zukunft und beidseitiger Fürsorge.*

Das Wort Gottes zeigt uns, das Hanna in diesen wenigen Jahren das Ziel der Erziehung erreicht hatte: Ihr Sohn war unterwiesen und fest in den Wegen des Herrn, fähig den Verlockungen und dem bösen Vorbild der Söhne Elis zu widerstehen, diente im Segen des Herrn und genoss Seine Nähe und die Gemeinschaft mit Gott im Gegensatz zu den allermeisten Kindern Israels der damaligen Zeit."[112]

Sehr interessant ist das Opfer, welches Hanna Gott darbrachte, als sie Samuel in den Tempel brachte und ihn dort dem Herrn abgab. Nach 1. Samuel 1,24 opferte sie zur Einlösung des Gelübdes drei Jungstiere[113], ein Epha Mehl und einen Krug (Schlauch) Wein. Betrachten

111 Enns, Peter: Vortragsmanuskript zum Thema „Kinder – Früherziehung" von 2017.

112 Enns, Peter: Vortragsmanuskript zum Thema „Kinder – Früherziehung" von 2017

113 Auch wenn die Septuaginta von einem dreijährigen Stier (anstatt drei Stiere) spricht, opfert Hanna insgesamt mehr, als nach dem Gesetz vorgegeben war.

wir nun das Opfer, welches nach dem Gesetz in solchen Situationen notwendig war, so entdecken wir etwas Besonderes: Nach 4. Mose 15,8-10 musste bei der Erfüllung eines Gelübdes ein bestimmtes Opfer gebracht werden. Es ist interessant zu sehen, dass Hanna die Opfermenge verdreifachte. Aus einem jungen Rind wurden drei Jungstiere, aus dem geforderten 0,3 Gomer Mehl (circa 6,6 Liter) wurde ein Epha Mehl (circa 22 Liter), aus einen halben Hin Wein (circa 1,9 Liter) wurde ein Schlauch (oder ein Krug) voller Wein.[114] Hanna begnügte sich nicht damit, das Gebot Gottes grenzwertig zu erfüllen, sondern gab freiwillig mehr für Gott. Dies ist eine sehr erstrebenswerte Denk- und Handlungsweise.

Wenn wir die Heilige Schrift betrachten, stellen wir fest, dass den Müttern ein hoher Stellenwert eingeräumt wird. Selbst wenn die Väter die Hauptverantwortung für die Familien tragen, haben die Mütter einen großen Einfluss auf die Entwicklung ihrer Kinder. Dies sehen wir an den bereits erwähnten Müttern wie Jochebed (4. Mose 26,59; 2. Mose 2,1-2.10), Hanna (1. Samuel 1,27-28.31), Maria (Lukas 1,38), Lois und Eunike (2. Timotheus 1,5).

Zusätzlich wird bei vielen Königen, insbesondere den Königen des Südreiches Juda, neben dem Vater auch die Mutter erwähnt.[115] Viele Aussagen der Heiligen Schrift zeigen, dass die Rolle der Mutter bei der Kindererziehung als wichtig eingestuft wird. Gott selbst bezieht sich an manchen Stellen auf die Liebe der Mutter: *„Kann auch eine Frau ihr Kindlein vergessen, dass sie sich nicht erbarmt über ihren leiblichen Sohn? Selbst wenn sie ihn vergessen sollte – ich will dich nicht vergessen (Jesaja 49,15; SL 2000).*

---

114 Trotz intensiver Recherchen kann hierzu leider kein genaues Volumen angegeben werden. Wir wissen jedoch, dass ein gewöhnlicher Schlauch durchaus 20 bis 50 Liter fassen konnte. Da das hebräische Wort auch mit Krug übersetzt werden kann, wird die Volumenzuordnung weiter erschwert.

115 **Nordreich:** 1. Könige 11,26 (König (=K): Jerobeam, Mutter (=M): Zeruga). **Südreich:** 1. Könige 14,21.31 (K: Rehabeam, M: Naema); 15,2.10.13 (K: Abiam, M: Maacha); 22,42 (K: Josaphat, M: Asuba); 2. Könige 8,26 (K: Ahasja, M: Athalja); 11,1 (K+ M: Athalja); 14,2 (K: Amazja, M: Joaddan); 15,2 (K: Asarja, M: Jecholja); 15,33 (K: Jotham, M: Jerusa); 18,2 (K: Hiskia, M: Abi); 21,1. (K: Manasse, M: Hephzibah); 21,19 (K Amon, M: Mesullemeth); 22,1 (K: Josia, M: Jedida); 23,31 (K: Joahas, M: Hamutal); 24,8 (K: Jojachin, M: Nehusta). In den Chronik-Büchern werden einige Mütter erneut erwähnt: 2. Chronik 13,2; 22,2; 25,1; 26,3; 27,1; 29,1). Die Namen der Mütter werden z.T. anders angegeben, worin jedoch kein Widerspruch besteht, weil Personen in damaliger Zeit nicht selten mehrere Namen hatten oder diese auch geändert werden konnten.

Wir können zusammenfassend feststellen, dass viele der betrachteten Personen als Kinder gottesfürchtiger Eltern in ein gottloses (z.B. Mose) oder in ein geistlich sehr schwieriges Umfeld (z.B. Samuel, Obadja) hineingestellt sind. Dennoch wurden sie durch Gottes Gnade im Glauben, den sie in der Kindheit erworben hatten, bewahrt und konnten selbst zum großen Segen für die Umgebung werden. Diese Beobachtung macht uns in einer Zeit des zunehmenden moralischen Zerfalls und der Abkehr von den göttlichen Maßstäben viel Mut. Unsere Aufgabe ist nicht in erster Linie, unsere Kinder auf die Schwierigkeiten im Leben vorzubereiten[116], sondern sie zu Jesus Christus zu führen und ihnen eine maximal gute geistliche Grundlage für ihre Zukunft mitzugeben. Das Weitere dürfen wir unserem Vater im Himmel anvertrauen, der entsprechend der Notwendigkeit das Restliche hinzufügen wird.

116 Da die Zeit immer schnelllebiger wird, ist derzeit auch kaum vorhersehbar, welche Probleme auf uns und auf die nächsten Generationen zukommen werden.

IX. DIE FRAGE DER AUTORITÄT

Nach dem Betrachten einiger biblischer Beispiele ist es wohl noch klarer geworden, welchen Segen es bringt, die Kinder im frühestmöglichen Alter zu Christus, dem Herrn, zu führen. Als nächstes stellt sich die Frage nach dem Wie. Vor der Betrachtung dieser Frage muss zunächst eine andere grundlegende Frage geklärt sein: Wenn Eltern ihre Kinder in gottesfürchtiger Weise erziehen wollen, müssen sie für sich klargestellt haben, dass sie selbst in einem richtigen Verhältnis zu ihren eigenen Autoritäten stehen. Wenn wir uns nicht selbst unter unsere Autoritäten stellen, wird es für uns sehr schwer sein, unseren Kindern eine Autorität zu sein. Deshalb wird der folgende Abschnitt einige wichtige Fragen der Autorität betrachten.

A. GOTTES AUTORITÄT

Die Bibel sagt unmissverständlich, dass Gott die absolute Autorität ist. In der Tat ist er die höchste Autorität, vor der sich jeder beugen muss, ob es ihm beliebt oder nicht. In 2. Mose 20,2 f. stellt er sich selbst vor: *„Ich bin der Herr, dein Gott. Du sollst keine anderen Götter haben neben mir.“* Der allmächtige Gott duldet keinen neben sich, dem von uns Menschen eine ähnliche oder auch nur annähernde Achtung entgegengebracht wird.

Jesus Christus sagt: *„Mir ist gegeben alle Macht im Himmel und auf Erden“* (Matthäus 28,19). Weiter betont er, dass derjenige, der etwas mehr liebt als Ihn, nicht sein Jünger sein kann. (Lukas 14,33)

Viele Juden sagen jeden Morgen das sogenannte Sch´ma Jisrael auf. Es beginnt mit den Worten: *„Höre Israel, der Herr unser Gott ist Gott allein[...]“* (5. Mose 6,4-5). Damit werden sie an die höchste und alleinige Autorität Gottes erinnert, welcher sich jede andere Autorität unterordnen muss. Es könnten noch viele Stellen aus der Heiligen Schrift angeführt werden, welche die unangefochtene und erhabene Stellung Gottes beschreiben. Deshalb ist er in seiner Souveränität auch in der Lage, Segen und Fluch auszusprechen. Dabei fällt an den wichtigsten Stellen solcher Gegenüberstellungen in der Heiligen Schrift auf, dass der Fluch (gezählt in Versen) einen deutlich größeren Raum einnimmt als der Segen. So werden zum Beispiel im 3. Buch Mose in Kapitel 26 insgesamt **11 Verse für den Segen und 26 Verse für den Fluch** benötigt. Dies entspricht einem Verhältnis von etwa 1 zu 2,5. Im 5. Buch Mose ist in Kapitel 28 das Verhältnis zu Ungunsten des Fluches noch eindeutiger; **14 Verse werden für den Segen benötigt und 54 Verse für den Fluch.** Dies entspricht einem Verhältnis von etwa 1 zu 4.

Bereits diese Beobachtung zeigt uns, dass wir es nicht nur mit einem Gott der Liebe zu tun haben.

Man kann mit Gott nicht diskutieren, welche Maßstäbe besser seien. Gott schlägt nicht vor, was zu tun ist. Er weiß, welche Normen gerecht und für den Menschen am besten sind. Diese hat er festgelegt und sie dem Menschen mitgeteilt. Bei all diesen souveränen Eigenschaften Gottes ist er aber auch barmherzig (Joel 2,13). Er wendet sich den Menschen in besonderer Weise zu, wenn sie sich ihm zuwenden. Dies sehen wir gerade beim Ehebruch von David. Er sollte nach dem Gesetz gesteinigt werden (3. Mose 20,10). Da David aber Buße tat, wie kaum ein anderer, vergab Gott ihm die mehrfache Sünde (Ehebruch, Mord usw.) und die Todesstrafe wurde an ihm nicht vollzogen (2. Samuel 12,13).

B. MENSCHLICHE AUTORITÄT

Jeder Mensch ist einer menschlichen Autorität unterworfen. Dieses Autoritätsverhältnis ist von Gott festgelegt worden.

Für das Volk Israel war es zunächst Mose, dann Josua, später waren es die Richter und nach der Einführung des Königtums (5. Mose 17,14-20) die Könige. In der heutigen Zeit ist es die Regierung des Landes, in welchem wir wohnen. Wir stehen vor Gott in der Pflicht, die Gesetze des Landes zu achten (Römer 13,1ff.).

Wir haben in unserer heutigen Zeit ein Arbeitgeber-Arbeitnehmer-Verhältnis, welches das Herren-Sklaven-Verhältnis der neutestamentlichen Zeit ablöst (Epheser 6,5-8). Dabei geht es nicht nur darum, seine Arbeit gut und gewissenhaft zu machen, sondern auch darum, die Vorgesetzten zu achten und mit Respekt zu behandeln. Dies gilt unabhängig davon ob sie leicht oder schwer zu ertragen sind (vgl. 1. Petrus 2,18: „*wunderliche*", Lutherübersetzung). Die Arbeitgeber sind in ihren Handlungen gewöhnlich unabhängig von anderen Menschen. Dennoch sind auch sie Autoritäten untergeordnet. Sie sind einmal an die Gesetze des Landes gebunden, zum anderen stehen sie in der Verantwortung vor ihren Mitarbeitern und vor Gott, die Arbeitnehmer gut zu behandeln (z.B. Epheser 6,9; Kolosser 4,1), dies wird gewöhnlich auch die finanzielle Seite (Frage des Gehalts) betreffen.

Für die Ehe hat Gott ebenfalls eine Ordnung eingeführt, welche das Miteinander in der Ehebeziehung regelt. Es ist zu beachten, dass der Mann zwar die Autorität der Frau ist, er aber zugleich selbst unter der göttlichen Autorität steht und sich vor Gott für alle seine Entscheidungen und Handlungen verantworten muss. Die Erfahrung zeigt, dass es für manche Frauen schwierig ist, die Autorität des Mannes anzuerkennen und entsprechend ihrer Stellung das Leben zu führen. Aber genauso zeigt die Erfahrung auch, dass manche Männer die ihnen anvertraute Autoritätsstellung für ihre Ehefrau und die Kinder nicht ausleben und zu wenig Verantwortung für die Entwicklung der Familie übernehmen. Häufig wird das geistliche Leben der Familie nicht entsprechend der Verantwortung vor Gott ausgestaltet. Diese Autoritätsstellung entspringt keinem menschlichen Gedankenkonstrukt, sondern ist von Gott eingesetzt worden (1. Korinther 11,3; Epheser 5,23 usw.).

Für die Familie hat Gott festgelegt, dass die Kinder den Eltern gehorsam sein sollen. Natürlich darf diese Autoritätsstellung von den Eltern nicht missbraucht werden (Epheser 6,4; Kolosser 3,21). Für die Kinder wird es zunehmend schwieriger, im biblischen Sinne gehorsam zu sein. Denn die ganze Schulbildung ist sehr stark darauf ausgerichtet, Selbständigkeit und Eigenverantwortung zu entwickeln und zu fördern. Auch wenn diese Eigenschaften für das Leben durchaus nützlich sein können, bleibt doch Gottes Ordnung bestehen, dass die Kinder ihren Eltern zu Gehorsam verpflichtet sind.

Diese Ordnung ist nicht neu, sie wurde schon mit den Zehn Geboten festgelegt (2. Mose 20,12; Epheser 6,1-2).

Alle Gläubigen haben ihrer Gemeinde gegenüber die Verantwortung, die Einheit zu suchen und die Lehrer zu achten (z.B. 1. Petrus 5,5; Hebräer 13,7.17). Es ist gut, wenn *„Brüder einträchtig beieinander wohnen“* (Psalm 133,1). Diese Liebe zueinander sowie die Liebe zur Gemeinde Jesu allgemein als auch zur örtlichen Gemeinde und die Achtung vor den Autoritäten wird sich positiv auf die Kinder auswirken. Wird in der Familie positiv über die Geschwister in der Gemeinde, die Prediger usw. gesprochen, werden die Kinder durch diese Atmosphäre beeinflusst ebenfalls diese gesunde Einstellung aufgreifen. Da jede örtliche Gemeinde ebenso wie die weltweite Gemeinde des Herrn Jesus den Leib Jesu Christi darstellt, wird mit der Achtung der Gemeinde auch Christus Jesus geachtet. Gerade dieses Verhältnis der Eltern zur Gemeinde beeinflusst in erheblichem Maße die Einstellung der Kinder zur Gemeinde. Schon im zarten Alter der Kinder kann eine grundlegend gottesfürchtige Einstellung zur Gemeinde und deren Autoritäten entweder vermittelt oder aber verhindert werden.

C. WAHRNEHMUNG DER AUTORITÄTSSTELLUNG

1. Die Stellung zu Gott

Es ist bekannt, dass vieles von anderen nicht durch Belehren, sondern durch eine gewisse Vorbildhaltung gelernt wird. Der Schüler lernt von seinem Lehrer, der Student von seinem Dozenten, das Kind von seinen Eltern usw. Deshalb ist es von großer Wichtigkeit, dass wir selbst eine vorbildliche Einstellung zu den Personen haben, welche uns als Autoritäten vorgesetzt sind. Erst durch die Akzeptanz unserer eigenen Autoritäten können wir für die Kinder eine wirkliche Autorität sein. Sie merken oder beobachten sehr genau, wie wir mit unseren Autoritäten umgehen. Entsprechend erziehen wir sie allein schon dadurch, wie sie selbst mit ihren Autoritäten umgehen können oder sollen.

Da wir wissen, dass Gott die höchste Autorität ist, steht natürlich an oberster Stelle die Frage, ob wir Gott selbst als unsere letztliche Autorität anerkennen. Stellen wir uns ganz bewusst unter das göttliche Wort, welches uns tröstet aber auch zurechtweist, so werden die Kinder es leichter haben, Gott ebenfalls für sich als die höchste Instanz zu akzeptieren. Je mehr wir uns unter die göttliche Autorität stellen, desto mehr werden wir selbst zu einer Autorität für die anderen werden können.

In Lukas 17,10 finden wir ein schönes Gleichnis, in welchen die Autorität beispielhaft vorgestellt wird. Der Knecht, der alles für seinen Herrn getan hat, sieht sich letztlich als einen unnützen Knecht an, denn er habe nur das getan, was er zu tun schuldig gewesen sei. Es macht ihm folglich nichts aus, nach getaner Arbeit zu Hause auch weiter seinem Herrn zu dienen (Lukas 17,8) und dafür keinen Dank zu erwarten.

2. Die Stellung des Ehemannes

Der Ehemann trägt nach dem biblischen Zeugnis (Epheser 5,25-27) die Verantwortung für das geistliche Leben der Familie und sorgt auch für das geistliche Leben der Ehefrau. Trotzdem soll die Frau eine eigene Glaubensüberzeugung haben und in persönlicher Abhängigkeit von Gott ein gottesfürchtiges und vorbildliches Leben führen. So war es z.B. bei der Frau von Manoah, welche ihrem Mann eine geistliche Unterstützung sein konnte (Richter 13,23). Aber auch die Frau des Ehepaares in Sunem, welches auf Vorschlag der Ehefrau auf dem Dach ein Zimmer für Elisa baute, konnte ihrem Mann eine wirksame Unterstützung auch in Fragen des geistlichen Lebens sein (2. Könige 4,9-10).

Zur verantwortlichen Stellung des Ehemannes gehört die geistliche Erziehung der Kinder. Auch wenn die Ehefrau in den meisten Fällen mehr Zeit mit den Kindern verbringt und damit einen starken Einfluss auf die Kinder ausübt, ist der Ehemann und Vater dennoch verantwortlich. Dies heißt, der Vater ist aktiv in der Unterweisung der Kinder beteiligt, er führt in der Regel die täglichen Familienandachten durch. Ist er auf Grund wichtiger Verpflichtungen (Beruf, Gemeinde oder ähnliches) verhindert, sollte er dennoch über die geistliche Entwicklung der Kinder im Bilde sein. Manchmal müssen Zeiten eingeplant werden, in denen sich der Ehemann bewusst Zeit für die Familie nimmt und dann effektiv für sie einsetzt. Das Ziel der gemeinsamen geistlichen Erziehung ist es, die Kinder liebevoll zum Herrn Jesus zu führen.

Die beste Voraussetzung für den Ehemann, für seine Ehefrau und die Kinder eine Autorität zu sein, ist die eigene Unterordnung unter die göttliche Autorität. Dass macht das Leben mit Gott glaubwürdig. Wenn dieses nicht geschieht, wird die Autorität vor der Ehefrau und den Kindern schnell zerstört.

3. Die Stellung der Eltern zu ihren Kindern

Sowohl der Vater als auch die Mutter haben die große Verantwortung, sowohl für die irdische als auch für die geistliche Entwicklung ihrer Kinder zu sorgen. Interessant ist, dass einer der griechischen Begriffe für Eltern vom Wort „patär" (griech. „πατήρ"[117]: Vater) hergeleitet ist, weshalb manche ihn mit „Väter" übersetzen (so z.B. in Epheser 6,1; Kolosser 3,21)[118], während derselbe Begriff in Hebräer 11,23 in Bezug auf Mose im eigentlichen Wortsinn mit Eltern übersetzt wird. Dieser Begriff beschreibt die Beziehung der Eltern zu ihren Kindern. Der zweite griechische Begriff für Eltern (goneus, griech. γονεύς[119]) beschreibt stärker die Beziehung der Kinder zu den Eltern.[120]

Die Väter werden ausdrücklich darauf hingewiesen, ihre Autorität nicht willkürlich einzusetzen und sie damit zu missbrauchen. Die Kinder sollen nicht zum Zorn gereizt (Epheser 6,4) oder entmutigt werden (Kolosser 3,21). Daraus ergibt sich natürlicherweise, dass die Väter ihre Autorität nicht als uneingeschränkte Herrscher in der Familie einsetzen, sondern sie in Liebe und Beachtung der eigenen Unterordnung unter Gottes Autorität einsetzen.

4. Die Stellung der Eheleute zueinander

Gott hat für die Familie eine bestimmte Ordnung eingeführt, deren praktische Anwendung eine Grundlage für ein gesegnetes Famili-

117 Bauer, S. 1282.

118 Dieser Begriff drückt aus, dass dem Vater eine große Autorität und dementsprechend auch eine große Verantwortung gegeben ist.

119 Bauer, S. 330.

120 Vgl. Matthäus 10,21; Markus 13,12; Lukas 18,29; Römer 1,30; Epheser 6,1; Kolosser 3,20; 2. Timotheus 3,2.

enleben darstellt. Diese beinhaltet, dass der Ehemann die erste Verantwortung für die Familie trägt und seine Frau von Herzen liebt. Er soll sogar bereit sein, sein Leben für sie einzusetzen. Die Ehefrau hat die Aufgabe, sich ihrem Mann zu unterordnen und ihn in seinen Aufgaben zu unterstützen (vgl. Epheser 5). Die Bibel legt großen Wert auf Häuslichkeit und mütterlicher Liebe (vgl. Titus 2,4-5) der Mütter. Entsprechend dieser göttlichen Bestimmung werden die Töchter von Anfang an erzogen.

5. Die Stellung zur Gemeinde

Die örtliche Gemeinde ist der sichtbare Teil des Leibes Jesu Christi, welcher die einzelnen Mitglieder verbindlich angehören. Gottes Wille ist es, dass Jesus Christus von allen als das Haupt der Gemeinde akzeptiert wird. Gewöhnlich ist es so, dass von Gott in der Gemeinde Autoritäten eingesetzt werden, welche die Gemeinde leiten. Diese Autoritäten haben selbst Gott als Autorität über sich, dem sie verantwortlich sind. Zugleich haben sie die Aufgabe, über die Seelen der Gläubigen zu wachen. Damit das Miteinander in der Gemeinde gut gelingt, erwartet Gott, dass die Gemeindemitglieder die Autoritäten annehmen und durch ihr Verhalten zu der Gemeinde die Liebe zu Christus Jesus beweisen. Dazu gehört auch der Gehorsam in der Gemeinde (Hebräer 13,17). Wenn die Erziehenden die Gemeinde als Autorität akzeptieren, vermitteln sie ihren Kindern damit eine richtige Stellung zur Gemeinde. Wenn die Eltern hingegen kritisch zur Gemeinde stehen, wird dies – auch ohne dass sie es direkt aussprechen – auf die Einstellung der Kinder zur Gemeinde negative Auswirkungen haben. Es kann hier sicher ohne nähere Ausführungen davon ausgegangen werden, dass eine richtige Einstellung zur Gemeinde eine Bereitschaft zur Mitarbeit beinhaltet.

D. Anwendungen

Je mehr wir uns als Eltern unseren eigenen Autoritäten unterordnen, desto eher werden wir selbst für unsere Kinder eine Autorität sein können.

Ein Beispiel soll hier noch erwähnt werden: Vor wenigen Jahren besuchten wir die letzte erhaltene Synagoge Ostfrieslands in Dornum. Der Leiter Georg Murra-Regner nahm sich viel Zeit für uns. In diesem Gespräch erzählte er etwas aus seinem Familienleben, und sagte einen Satz, über den ich oft nachdenken musste. **In der Erziehung der Kinder habe er nie ein Freund seiner Kinder, sondern ihr Vater sein wollen.** Er bezog es auch auf Gott, der ja auch niemals ein Kumpel für uns sein kann. Je länger ich darüber nachdenke, desto bedeutsamer wird mir diese Aussage. Ein Kumpel ist keine Autoritäts- sondern eine ebenbürtige Person. Leider wollen heute viele Eltern keine Eltern mehr sein, die ihr Kind erziehen und dabei auch immer wieder liebevoll zurechtweisen, sondern lediglich Freunde. Auch in der Schule wollen viele Lehrer keine erziehenden Lehrer mehr sein, sondern Freunde. Kinder brauchen aber nicht nur Freunde, sondern auch Eltern und Lehrer, denn die **Kinder brauchen in ihrer Erziehung eine liebevolle und liebende Autorität.**

Dieser Gedanke steht nicht im Widerspruch zu einem herzlichen Miteinander der Eltern mit den Kindern, sondern kann sogar ein freundschaftliches Verhältnis zueinander fördern. Wir sehen diese innige Beziehung z.B. zwischen Abraham und Gott, der Abraham „Freund" nannte. Jesus bezeichnete Jünger, die tun, was er gebietet, als Freunde (Joh. 15,14).

In der Pädagogik gab es immer wieder neue Ausrichtungen. Nach der Phase der sehr strengen Erziehung wurde der Begriff der antiautoritären Erziehung im Sinne einer laissez-faire-Erziehung (wörtliche Übersetzung: machen lassen, laufen lassen) eingeführt, entsprechend wurde die Erziehung ziemlich radikal umgekrempelt. Die Hauptausrichtung war von dem Gedanken geprägt, dass Kinder sich selbst überlassen werden müssten. Man dürfe ihnen keine Vorgaben machen, sie müssten ihren Weg selbst finden. Auf keinen Fall dürften die Kinder bestraft werden, das könne ihre Seele unwiderruflich verletzen. Schon nach wenigen Jahren fiel den Pädagogen aber zunehmend auf, dass diese Pädagogik den Kindern nicht nur gewisse Freiheiten gibt, sondern ihnen damit auch einen Schutzbereich wegnimmt, in welchem sie sich gut entwickeln können. Inzwischen gilt die antiautoritäre Erziehung als überholt. [121]

---

121 Axel Volk gibt in seinem Buch „Wie prägen wir unsere Kinder?" auf den Seiten 66-77 und 139-149 einen knappen aber verständlichen Überblick über verschiedene Pädagogik- und Erziehungsformen.

Für die christliche Erziehung gilt hier letztlich genau das gleiche, wie für die allgemeine Entwicklung: Kinder brauchen Liebe und Zuwendung, aber ebenso auch eine Stütze und einen Schutzzaun, welcher ihnen einen Schutzraum zur vertrauensvollen und zielgerichteten Entwicklung ermöglicht. Es ist gut, wenn die Eltern einander mit Achtung begegnen und es somit den Kindern ermöglichen, ihnen Autorität entgegenzubringen. In bestimmten Situationen werden die Eltern die Autorität des jeweils anderen Elternteiles vor den Kindern stützen.

X. BIBLISCHE AUSSAGEN ZUR FRÜHEN ERZIEHUNG

Nach den bisherigen Ausführungen dürfte klargeworden sein, dass eine sehr frühe geistliche Erziehung nicht nur die effektivste ist, sondern auch biblisch begründet ist. Die Schöpfung Gottes lehrt uns, dass ein junger Baum gut geformt werden kann. Eigene Experimente mit einer Birke bestätigen dies. Wird sie älter, nimmt diese Fähigkeit zunehmend ab. Jeder Gärtner nutzt dieses Prinzip, um jungen Pflanzen die gewünschte Form zu geben.

Gegen Ende seines Lebens legte Mose seinen Dienst nieder und übergab ihn an Josua. In diesem Augenblick unterließ er es nicht, auf die vergangenen Führungen Gottes hinzuweisen. Im Lied des Mose, das Gott Ihm gibt, wird das Volk aufgefordert, ihre Väter und die Alten zu fragen (5. Mose 32,7). Diese würden ihnen die Taten Gottes erzählen. Gott zeigt hiermit auf, dass die Väter ihren Kindern gegenüber eine Verantwortung und einen Erziehungsauftrag haben.

Diese geistliche Prägung sollte möglichst früh beginnen und bis zum reifen Alter nicht nachlassen. Die allegorische[122] Auslegung der Aussage *„frühe säe deinen Samen und lass deine Hand des Abends nicht ab [...]"* (Prediger 11,6) zeigt die Notwendigkeit einer beständigen Erziehung und geistlichen Prägung. Gott weist darauf hin, dass es gut ist, das Joch in seiner Jugendzeit zu tragen (Klagelieder 3,27). Das Joch ist ein auferlegtes Zuggeschirr, unter dessen Last Dinge verrichtet werden. Ein Ochse kann zum Beispiel mit einem Joch einen Acker pflügen. Diese Gewöhnung geschieht am besten im jungen Alter. Denn wenn das Arbeitstier erst älter geworden ist, wird die Gewöhnung an bestimmte Arbeiten schwieriger werden. So

122 Allegorisch bedeutet hier: Bilder werden auf das geistliche Leben übertragen.

werden Kinder am besten im jungen Alter an bestimmte Normen, gute Gewohnheiten und christliche Tugenden gewöhnt.

Im Folgenden werden einige ausgewählte Bibelstellen erwähnt, welche uns wichtige Informationen über eine frühe Erziehung der Kinder geben.

A. Jung gewohnt, alt getan (Sprüche 20,11)

Sprüche 20,11: „*Schon ein Knabe gibt durch sein Verhalten zu erkennen, ob sein Tun lauter und redlich ist. (SL 2000)*" Dieser Vers ist wahr. Dies ist er bereits allein dadurch, dass er Gottes Wort ist. Zudem sehen wir den Inhalt dieses Verses auch im Leben bestätigt. Natürlich entwickeln sich Menschen nach ihrer Kindheit weiter und manche neue Fähigkeiten werden durch Gottes Gnade gegeben und entwickelt. Dennoch sehen wir oft, dass bestimmte Verhaltensweisen eines Kindes bereits Aufschluss über seinen zukünftigen Charakter geben.

B. Gewöhne dein Kind an den Weg des Herrn (Sprüche 22,6)

Sprüche 22,6: „*Gewöhne den Knaben an einen Weg, den er gehen soll, so wird er nicht davon weichen, wenn er alt wird (SL 2000).*" Wir kennen diese Wahrheit aus der Botanik: Wenn junge Bäume geformt werden, werden deren Äste mit Stäben geschient und in eine bestimmte Richtung gebracht. Dies kann nur geschehen, solange die Äste jung und somit elastisch sind. Wenn die Elastizität der Äste nachlässt, nimmt auch die Formbarkeit ab. Interessanterweise hängt das Wort „gewöhnen", welches im Alten Testament insgesamt nur vier Mal gebraucht wird, eng mit dem Begriff für „einweihen" zusammen.[123] Offensichtlich ist das Gewöhnen an einen bestimmten Lebensweg inhaltlich das Gleiche, wie die Weihe des Tempels, womit der Tempel an Gott übergeben wird. Genauso wird der Knabe durch die Erziehung an einen Weg gewöhnt und dadurch befähigt, sich Gott zu weihen und Ihm zur Verfügung zu stehen. Das Gewöhnen beinhaltet eine dauerhafte Handlung, mit der Wege für das

123 Dasselbe Wort wird noch in 5. Mose 20,5 (2 Mal), 1. Könige 8,63; 2. Chronik 7,5 benutzt; vgl. Gesenius 18. Auflage, S. 372.

Leben gelegt werden, auf denen das Kind später sicher und geübt gehen kann. Dieses Gewöhnen ist mit intensiver Arbeit verbunden und wird wohl von uns Eltern oft zu zaghaft in Angriff genommen.

C. Erziehe dein Kind, damit kein Wildwuchs entsteht (Sprüche 22,15)

Sprüche 22,15: Dieses Gewöhnen ist wichtig, weil *„dem Knaben Torheit im Herzen steckt“*. Wo keine liebevolle und ordnende Erziehung geschieht, entsteht Wildwuchs. Bei Kindern ist es letztendlich genau wie in der Pflanzenwelt: Wenn nicht vorausschauend, helfend und ordnend eingegriffen wird, verwildern Bäume, Gärten und Parkanlagen. Auch Kinder brauchen Hilfe, um den Wildwuchs zu verhindern. Hier stehen Eltern und letztlich alle, die in irgendeiner Form an der Erziehung und Prägung der Kinder beteiligt sind (Verwandte, Sonntagsschulmitarbeiter usw.) in großer Verantwortung vor Gott, dem Kind zu helfen, die eigene angeborene Torheit zu überwinden und einen von Gott geprägten Charakter anzunehmen. Selbst wenn das Ziel der Erziehung schwer zu erreichen ist, gilt doch das göttliche Wort: *„Wer auf den Wind achtet, sät nicht, wer auf Wolken achtet, erntet nicht“* (Prediger 11,4). Trotz aller Widrigkeiten und Bedenken bleibt der göttliche Auftrag, die Kinder bereits in sehr jungem Alter zu formen. Letztlich ist es das Wort Gottes, welches nicht nur junge Männer vor Sünde bewahrt (Psalm 119,9).

D. Sähe guten Samen (Hosea 8,7)

Hosea 8,7: *„Wer Wind sät, wird Sturm ernten (SL 2000).“* Die Erziehung kann zum guten wie auch zum schlechten Ergebnis führen. Es ist deshalb sehr darauf zu achten, dass dem Kind keine Dinge vermittelt werden, welche ihm Schaden zufügen. Selbst eine gottesfürchtige Erziehung garantiert noch nicht, dass die Kinder gottesfürchtig werden. Umso mehr sollten wir darauf bedacht sein, dass wir bei den Kindern die Liebe zu Gott und zu der Gemeinde fördern. Wenn wir selbst nicht im Einklang mit der örtlichen Gemeinde sind, zu der wir gehören, säen wir bei unseren Kindern Wind. Dieser hat sich nach dem biblischen Wort in der Vergangenheit nicht selten in Sturm verwandelt. Unsere Aufgabe ist es, um unsere Kinder herum einen gesunden Schutzzaun zu errichten, der sie vor manchen Winden und Stürmen im Leben bewahrt.

E. Kinder und Säuglinge loben Gott (Psalm 8,3)

Psalm 8,3: *„Aus dem Mund von **Kindern und Säuglingen** hast du ein Lob bereitet (SL 2000).“* Dieser Vers ist eine gewaltige Herausforderung für den Ausleger. Dass kleine oder **unmündige Kinder** (s. III., A3 und B6), die nicht mehr gestillt werden[124], Gott loben können, ist nachvollziehbar. Uns ist theoretisch und praktisch bekannt, dass bereits Kinder im Alter von zwei Jahren fähig sind, Bibelverse und kleine Lieder zu lernen (die Intensität der Lernfähigkeit variiert jedoch von Kind zu Kind). Kleine Kinder können durch ihre fröhlichen Aussagen und ihr sonniges Wesen das Herz der Eltern und Großeltern erfreuen und auch erweichen. Auf diese Weise können Kinder bereits Gott loben. Aber wie können **Säuglinge** dies tun? Die an dieser Stelle im Alten und Neuen Testament benutzten Begriffe drücken eindeutig aus, dass gestillte Kinder (s. III., A1 und B7) Gott loben.[125] Jetzt drängt sich uns natürlich die Frage auf, wie – rein praktisch gesehen – bereits Säuglinge Gott loben können.

Zur Beantwortung dieser Frage helfen uns andere Bibelstellen weiter. In Psalm 69,35 fordert David Himmel, Erde und Meer und alles, was darin lebt auf, Gott zu rühmen. Psalm 148 beschreibt noch ausführlicher, welche Elemente der Schöpfung Gott loben: Es werden Himmel und Engel (V. 1.2) genannt. Danach werden andere Elemente des Universums (Sonne, Mond, Sterne; V 3) aufgefordert, Gott zu loben. Dann sind es Tiere und Pflanzen, aber ebenso auch Feuer, Hagel, Schnee, Sturm usw. (V. 7-10). Wir können uns an dieser Stelle ebenfalls die Frage stellen, wie die einzelnen Elemente Gott loben können. Die Antwort scheint mir in Vers 5 zu liegen: *„Er gebot, da wurden sie geschaffen.“* Alles, was wir sehen, ist der göttlichen Macht entsprungen: seinem mächtigen *„Es werde!“* (vgl. 1. Mose 1,3). Allein die Tatsache, dass die einzelnen Elemente der Schöpfung da sind, lobt Gott bereits. Spurgeon schreibt hierzu: *„Das ist eine treffende Begründung: Dem Schöpfer soll von seinen Werken*

124 Bedacht werden muss dabei die in alter Zeit meist deutlich längere Stillzeit als heute.

125 Der Vers aus Psalm 8,3 wird im Neuen Testament (Matthäus 21,16) von Jesus selbst zitiert. Der griechische Text entspricht exakt dem der Septuaginta.

Ehre gezollt werden, sie sollen durch ihr Lob sein geoffenbartes Wesen verkündigen, also seinen Namen preisen.“[126] Wenn z.B. der Schnee vom Himmel fällt und wir seine wunderbaren und vielfältigen Flocken sehen, werden wir an Gott erinnert, der sie gemacht hat. Somit lobt schon allein die Anwesenheit des Schnees Gott. Wenn ein Vogel zwitschert, dann besingt er die Macht Gottes, welche ihn so wunderbar gemacht hat. Wenn die Sonne scheint, im Frühjahr die Knospen aufbrechen, oder der Wind bläst, erkennen wir daran die Macht Gottes. Im biblischen Sinne lobt also auch vollkommen korrekt beschrieben die Sonne, der Wind usw. Gott. Dies sagt auch Psalm 19,1-5: *„Ein Psalm Davids, vorzusingen. Die Himmel erzählen die Ehre Gottes, und die Feste verkündigt seiner Hände Werk. Ein Tag sagt's dem andern, und eine Nacht tut's kund der andern. Es ist keine Sprache noch Rede, da man nicht ihre Stimme höre. Ihre Schnur geht aus in alle Lande und ihre Rede an der Welt Ende […]*“ sehr treffend. So könnten wir alle möglichen Naturphänomene erläutern und feststellen, dass Gott *„groß und hoch zu loben*“ ist (Psalm 145,3). Lassen wir noch einmal Spurgeon zu Wort kommen, der es sehr treffend formuliert: *„Die Menschen beider Geschlechter und jedes Alters ruft der Psalmist zusammen zu dem köstlichen großen Gesanggottesdienste. […] In diesem Chor der Sänger ist Raum für jede Stimme: fruchtbare Bäume und Jungfrauen, Zedern und Jünglinge, Engel und Kinder, Greise und Richter – alle dürften bei diesem Oratorium mitwirken.*“[127]

Ebenso loben die Neugeborenen Kinder Gott allein durch ihre Gegenwart, der sie auf wunderbare Weise gemacht hat. Der Gott, der fast aus dem Nichts ein niedliches, zartes Wesen wachsen ließ, ist zu loben. Wenn die Kinder etwas größer werden und mit ihrem fröhlichen und vergnügten Quietschen die Eltern und andere große und kleine Mitbürger zur Freude bringen, loben sie Gott. Allein ihr kindliches Wesen lobt Gott, der sie befähigt hat, so zu sein. Noch einige Zeit später ertönen fröhliche Kinderstimmen, und das natürlich-offene Wesen entwickelt sich. Kindlich ergeben vertraut das Kind seinen liebevoll sorgenden Eltern und lobt damit Gott!

126 Spurgeon, C.H: Die Schatzkammer Davids, 4. Band, S. 525.
127 Spurgeon, ebd. S. 529.

Wir müssen bei der Auslegung dieses Bibelwortes zudem bedenken, dass die Kinder damals meist länger gestillt wurden als heute und mit zunehmendem Alter Gott in immer größerem Masse mit ihrem Mund loben können (durch ihr Beten, Singen, Gedichte lernen usw.). Ebenso können sie Gottes Schöpfung staunend erfassen und mit kindlichen Worten ihre Freude über eine Neuentdeckung wiedergeben.

F. Hochbevorzugt von Mutterleib an (Psalm 22,10-11)

Psalm 22,10-11: *„Denn du hast mich aus meiner Mutter Leibe gezogen; du warst meine Zuversicht, da ich noch an meiner Mutter Brüsten war. Auf dich bin ich geworfen von Mutterleib an; du bist mein Gott von meiner Mutter Schoß an“*. Ähnlich äußert sich der Autor des 71. Psalmes in den Versen 5 und 6. Natürlich werfen auch diese Verse Fragen auf. Dass Gott Menschen aus dem Leib der Mutter zieht, bedeutet nichts anderes, als dass Gott bei der Geburt hilft und den Menschen das Leben gibt[128]. Dies ist noch ohne viel nachzudenken zu verstehen. Wie kann man sich jedoch vom Mutterleibe an, das heißt vor der Geburt, bereits auf Gott verlassen? Noch schwieriger jedoch ist es zu verstehen, dass Gott schon vor der Geburt *„mein Gott“* war. Wie geht das?

Die gesamten Aussagen des Textes zeigen, dass das Kind bereits ab Beginn der Entwicklung im Mutterleib unter Gottes Schutz stand und viel von Gott erfahren hatte. Sehr passend ist dieses Ergebnis mit der schon erwähnten jüdischen Sitte, das Wort Gottes immer laut aufzusagen und über die Taten Gottes zu reden. Beachte bitte die Ausführungen zur geistlichen Entwicklung von Timotheus. So konnte das ungeborene Kind vom Anfang seines Lebens an Gott als seine Zuversicht wahrnehmen, indem es das Wort Gottes schon weit vor der Geburt vernahm. Auch wenn manche Ausleger dazu tendieren, diesen Psalm ausschließlich messianisch, somit auf Jesus Christus bezogen, auszulegen, bin ich dennoch davon überzeugt, dass diese Aussagen ebenfalls unterstreichen, wie wichtig es ist, bereits das ungeborene Kind der Wirkung des göttlichen Wortes auszusetzen.

---

128 Spurgeon spricht von der „zarten Hand des göttlichen Geburtshelfers“ (Schatzkammer Davids, 1. Band, S. 380).

Ein biblisches Beispiel hierzu: Im Lukasevangelium 1,5 lesen wir, dass die Eltern (beide!) von Johannes dem Täufer fromm waren und in allen Geboten und Satzungen des Herrn untadelig wandelten. Damit entstand eine heilige Atmosphäre, in welcher der Heilige Geist schon früh sein Werk am noch ungeborenen Sohn tun konnte. Im 71. Psalm wird Gott als derjenige bezeichnet, der seit seiner Jugend die Hoffnung des Psalmisten war. Im biblischen Sinn meint der Begriff Hoffnung nicht eine vage Vermutung, sondern eine absolut feste Zuversicht. Mit dem Begriff „Jugend" sind nicht unmittelbar Jugendliche gemeint, gewöhnlich wird damit die Kindheit eingeschlossen[129]. Auch Obadja bezeichnete sich als *„gottesfürchtig von Jugend auf"* (1. Könige 18,12). Spurgeon schreibt auch hierzu sehr treffend: *„Das sind hochbevorzugte Leute, die wie David, Samuel, Josia, Timotheus und andere sagen können: Du bist meine Zuversicht von meiner Jugend auf."*[130] Hier können wir eine sehr persönliche Frage stellen: **Tragen wir dazu bei, dass unsere Kinder in diesem Sinne hochbevorzugt sind?**

G. Völliges Vertrauen auf den Herrn (Psalm 131,2)

Psalm 131,2: *„[...], ich habe meine Seele beruhigt und gestillt; wie ein entwöhntes Kind bei seiner Mutter, wie ein entwöhntes Kind ist meine Seele still in mir (SL 2000)"*. David vertraute seinem Herrn voll. Das Bild einer vertrauensvollen Beziehung eines abgestillten Säuglings zu seiner Mutter ist sehr schön und verständlich. Dass die Zeit des Stillens für die Vertrauensbildung allgemein von großer Bedeutung ist, ist unumstritten.[131] Doch David meint hier nicht seine Beziehung zu seiner Mutter, sondern seine Beziehung zu Gott. Dies wird aus Vers 3 deutlich: *„Israel, hoffe auf den Herrn [...]."*

H. Bringe deine Kinder zu Jesus Christus (Jesaja 8,18)

Jesaja 8,18: *„Siehe, hier bin ich und die Kinder, die mir der Herr gegeben hat [...]."* Diese Aussage meint im historischen Zusammenhang

---

129 Gesenius, S. 824.

130 Spurgeon, Schatzkammer Davis, 2. Band, S. 483.

131 Wenn jedoch nicht gestillt werden kann, kann durch die liebevolle Hinwendung der Mutter zum Kind dennoch eine vertrauensvolle Beziehung entwickelt werden und das Kind kann Vertrauen entwickeln.

die beiden Söhne von Jesaja, deren Namen prophetische Aussagen hatten. Wir können diesen Vers aber durchaus auf uns beziehen und unsere Kinder Gott bringen. Dies meint, wir stellen sie Ihm zur Verfügung und ringen vor Gott um die Errettung und ein geheiligtes Leben unserer Kinder. Denn wir tragen für unsere Kinder nicht nur die Verantwortung für ihre irdische Versorgung, sondern in besonderem Maße auch für ihr Leben mit Gott.

I. Das ganze Leben für den Herrn Jesus Christus einsetzen (Jeremia 1,6.7)

Jeremia 1,6.7: „Ich aber sprach: Ach Herr Herr, ich tauge nicht zu predigen, denn ich bin zu jung. Der Herr aber sprach zu mir: Sage nicht: »Ich bin zu jung«; sondern du sollst gehen, wohin ich dich sende, und predigen, was ich dir befehle.“ Diese Verse beschreiben sehr lehrreich den Gedanken, dass Gott auch im ungewöhnlich jungen Alter Menschen in seinen Dienst beruft. Wir dürfen es Gott zutrauen, dass bereits junge Menschen, welche in Hingabe Gott gegenüber leben, für den Dienst für Gott geeignet sind. Nun geht es an dieser Stelle keineswegs darum, um jeden Preis möglichst früh Kinder in den Dienst für Gott einzubeziehen. Das hohe und erste Ziel ist es, unsere Kinder in möglichst jungem Alter zu Gott zu führen, so dass sie dann schon früh Gott dienen können. Wenn Gott unseren Kindern Möglichkeiten schenkt, Ihm zu dienen, sollten wir Eltern ihnen nicht im Wege stehen, selbst wenn dies bedeutet, dass wir Kinder für lange Zeit oder große Entfernungen loslassen müssen. Denn die rechtlich uns gehörenden Kinder gehören in letzter Konsequenz nicht uns, sondern unserem mächtigen Herrn, der sie uns gegeben hat. Er will, dass wir sie für Ihn erziehen und ihnen den Weg des Heils zeigen. Der folgende Abschnitt wird sich mit genau dieser Fragestellung beschäftigen.

XI. WIE FÜHRT MAN KINDER ZU JESUS CHRISTUS?

A. EINLEITENDE BEMERKUNGEN

Dieser Abschnitt trägt eine sehr hoffnungsvolle Überschrift. Es darf nun nicht geschlussfolgert werden, dass es eine bestimmte Methode gibt, mit welcher Kinder so erzogen werden könnten, dass sie automatisch Kinder Gottes werden. Um es klar zu sagen: Diese Methode gibt es nicht. Jedes Kind kann, ebenso wie jeder Erwachsene, nur dann zum Herrn kommen, wenn es vom Vater gezogen wird (Johannes 6,44).

Auch wenn die Erlösung vom Reich der Finsternis allein durch die Gnade Gottes geschieht, stehen wir in großer Verantwortung, unseren Kindern die Grundlagen des Heils zu vermitteln. Dies wird für uns kein von Gott gesandter Engel übernehmen. Am Ende bewirkt die gottesfürchtige Hinführung des Kindes durch das Umfeld und das Wirken das Heiligen Geistes im Herzen des Kindes eine Situation, in welcher es vor die Entscheidung gestellt wird, Jesus Christus als persönlichen Erlöser anzunehmen.

Nach Jakob Kröker ist es *„etwas Großes, wenn ein Sünder Gnade findet bei Gott und aus dem Tod zum Leben kommt. Und sobald unsere Kinder erst aus dem Stand der Unschuld herausgetreten sind und zum Bewusstsein ihrer Schuld gelangen, dann sind sie berufen und fähig, sich zu Gott zu bekehren.*“[132] Sicher stellen wir uns die Frage, in welchem Alter welche biblischen Wahrheiten bereits vermittelt werden können. Dass darauf keine eindeutige Antwort gegeben werden kann, dürfte jedem Leser klar sein. Dies hängt von der Aufnahme-

132 Kröker, Jakob.

möglichkeit des einzelnen Kindes und von der Zuwendung der Eltern zum Kind und deren Fähigkeit ab. Dennoch gibt es ein Prinzip, welches niemals übersehen werden sollte:

Wenn wir den Kindern bereits alltägliche Situationen und Zusammenhänge erklären und erwarten, dass sie diese verstehen, sind sie definitiv in der Lage, biblische Zusammenhänge zu erfassen.

Wir müssen bedenken, dass bei der Vermittlung des göttlichen Wortes der Heilige Geist unmittelbar mit am Werk ist. Er macht das göttliche Wort im Herzen oder im Unterbewusstsein des Kindes lebendig. Das Kind ist sicherlich früher dazu fähig, göttliche Wahrheiten aufzunehmen, als wir es ihm allgemein zutrauen. Um es noch klarer zu sagen: **Die Fähigkeit der Kinder, Glaubensinhalte aufzunehmen, wird meist unterschätzt.**

Wir werden uns jedoch einig darin sein, dass die größte Herausforderung in der Erziehung unserer Kinder die Hinführung zu Jesus Christus ist.

Was bedeutet denn die Hinführung zu Jesus Christus? Es bedeutet letztlich, dass unsere Kinder den Weg zu Gott finden. Da wir vom Zeugnis der Heiligen Schrift wissen, dass der Weg zu Gott Jesus Christus heißt (Johannes 14,6: *„Jesus spricht: Ich bin der Weg, die Wahrheit und das Leben; niemand kommt zum Vater denn durch mich."*), haben wir die schwierige, verantwortungsvolle und zugleich schöne Aufgabe, sie mit Christus Jesus, dem Sohn Gottes, bekannt zu machen. Natürlich setzt dies zunächst voraus, dass wir den Herrn Jesus selbst persönlich kennen. Dann können wir in unseren Häusern an einer geistlichen Atmosphäre arbeiten, in welcher das Wort Gottes seinen gebührenden Stellenwert hat und das Reden über Gott etwas vollkommen Normales ist.

Dies beinhaltet, das wir uns unter Umständen von gewissen Dingen abgrenzen müssen, wie es Georg von Viebahn formuliert: *„An der Schwelle eines Christenhauses läuft eine heilige Grenzlinie, welche das Reich der Welt draußen von dem Reich Jesu drinnen trennt".*[133]

Der Vater von Wilhelm Busch soll gesagt haben: ***„Schenkt den Kindern eine fröhliche Heimat, wo sie gerne sind. Und stellt sie hier***

133 Viebahn, Georg, von. S. 96.

im Elternhaus in eine Atmosphäre, wo der Geist Gottes weht. Lasst den Herrn Jesus Christus so regieren im Hause, dass sich keines Ihm entziehen kann.“

Das edle Ziel, Kinder für Gott zu erziehen, erfordert einiges an Aufwand und Entschlossenheit. Mit den folgenden Teilaspekten soll versucht werden, die wesentlichen Punkte zu skizzieren:

1. Die herzliche Annahme der Kinder in Herz, Haus und Gemeinde

Wir schaffen eine gute Grundlage, wenn wir von unserer Herzenseinstellung Kinder gerne annehmen. Hanna, wie oben bereits erläutert, hat sich Kinder gewünscht und sie vom Herrn erbeten. Ihr war jedoch bewusst, dass der erbetene Sohn nicht ihr, sondern Gott gehört. Hier sieht man besonders gut, dass eine gottesfürchtige Herzenshaltung zu einer gottesfürchtigen Erziehung führt. Sie bereitete ihren Sohn Samuel auf den Dienst für Gott vor.

Natürlich dürfen und sollten wir uns die Frage stellen, welche Ziele wir für unsere Kinder verfolgen. Entsprechend der übergeordneten Ziele werden wir viele andere als unwichtig einzustufende Ziele vernachlässigen. Wenn es uns ernsthaft darum geht, dass unsere Kinder Jesus Christus kennenlernen, werden wir die anderen Ziele ebenfalls diesem Hauptziel unterordnen. Wir werden manche private Dinge oder Freizeitaktivitäten unterlassen, aber dafür alle nur erdenklichen Gelegenheiten nutzen oder schaffen, damit die Kinder das Wort Gottes hören können. Gelegenheiten dazu haben sie zum Beispiel bei den regelmäßigen Familienandachten. Aber auch in Gemeinschaften mit Kindern Gottes, insbesondere beim Besuch der Gemeindegottesdienste, welche wortorientiert ausgerichtet sein sollten, können die Kinder einiges über Gott erfahren. Selbst Kleinkinder werden regelmäßig zu den geistlichen Veranstaltungen mitgenommen, damit sie möglichst oft unter der Wirkung das Heiligen Geistes das Wort Gottes hören. Selbst wenn sie klein sind und während des Gottesdienstes schlafen, sind sie dort gewöhnlich besser aufgehoben als zu Hause. Wir dürfen dem Geist Gottes zutrauen, dass er selbst das Herz schlafender Säuglinge erreichen und ansprechen kann.

Doch nicht nur die Bethäuser, sondern auch unsere Wohnhäuser selbst sollten *„Stätten der Anbetung sein, in denen Anbetung, Buße, Danksagung und Dienst Gott gegenüber geübt wird“.*[134] Diese geheiligte Atmosphäre des Hauses Gottes und der christlichen Familienhäuser wird wesentlich dazu beitragen, dass unsere Kinder zum Herrn Jesus geführt werden.

2. Vorbildliches Leben als Nachfolger Jesu

Wie schon an anderer Stelle erwähnt, ist das persönliche Vorbild der Eltern und anderer Erwachsener von immenser Bedeutung. Die Kinder sind gerade in den ersten Lebensjahren sehr gute „Kopiermaschinen“. Da sie gewöhnlich den Eltern voll vertrauen und das Verhalten der Eltern noch nicht differenziert betrachten, „kopieren“ sie gewöhnlich viele Verhaltensweisen der Eltern. Durch diese „Kopiervorgänge“ wird oft schon unausgesprochen das Denken der Kinder zum Guten wie zum Schlechten programmiert.

An dieser Stelle soll wegen der Klarheit der Worte Jakob Kröker nochmals zitiert werden: *„Liegen unsere Lebenswurzeln in Gott, dann werden auch die Früchte unseres Lebens heilig sein. Der heilige Wandel der Eltern ist das erste Vorbild, das den Kindern gegeben wird. Wir ahnen kaum, wie früh wir schon durch unser Benehmen, Wort und Werk auf unser Kind einwirken. Dinge, die wir längst vergessen haben, schweben unsern Kindern noch so lebendig vor der Seele, weil der Vater es gesagt, die Mutter es getan hat. Kinderherzen sind wie die Fotografieplatte, die jeden Lichtstrahl, der auf sie fällt, aufnimmt und als Bild festhält. Durch die beständige Gemeinschaft und den Umgang mit unseren Kindern wird unser Wesen in ihre Herzen hineinfotographiert.“*[135]

Gerade die Weihnachtsgeschichte zeigt, mit welcher Sorgfalt Maria und Joseph darauf bedacht waren, das Gebot Gottes zu erfüllen. Wie weiter oben bereits erwähnt, wurde Jesus Christus nach dem Gesetz am achten Tag beschnitten und seine Eltern gaben dem neugeborenen Kindlein dabei nach dem göttlichen Wort den Namen Jesus. Nach dem 40. Tag gingen sie nach Jerusalem, um dort nach dem Gesetz (vgl. Lukas 2,24) für den erstgeborenen Sohn ein Opfer zu

134 Enns, Peter. Unveröffentlichtes Manuskript.
135 Kröker, Jakob.

bringen. Da sie arm waren, reichten zwei Tauben als Opfergabe aus (3. Mose 12,8). Insgesamt gewinnen wir die Sicherheit, dass Joseph und Maria sehr gottesfürchtig und Gott gehorsam waren. Zweimal wird gesagt, dass Maria die gehörten Worte in ihrem Herzen bewegte (Lukas 2,19.51). Sie dachte also intensiv über Gottes Botschaften nach. Dies ist ebenfalls sehr vorbildlich.

So wie wir heute das Leben von Jesu Eltern beurteilen, beurteilen unsere und die uns umgebenden Kinder unser Leben. Sie merken, ob wir es aufrichtig im Leben mit Gott meinen. Sie merken, ob wir unsere Ortsgemeinde lieben und zu ihr stehen. Sie merken, ob wir bereit sind, uns Gott im Dienst hinzugeben und dafür persönliche Interessen zurückstellen. Es ist gut, wenn Eltern regelmäßig für ihre Kinder beten. Aber auch unser Umgang mit unseren eigenen Eltern prägt unsere Kinder. Ja, unser ganzer Tagesablauf prägt unsere Kinder. Wir tun gut daran, unser Leben immer wieder zu überprüfen, um zu erkennen, wo Korrekturen notwendig sind.

3. Das Wort Gottes früh vermitteln

Nach allen diesen Ausführungen ist es nur folgerichtig, ab dem frühestmöglichen Zeitpunkt den Kindern das Wort Gottes zu vermitteln. In Psalm 139,16 lesen wir: *„Deine Augen sahen mich, als ich noch unvorbereitet war (ungeformter Keim)"*. Es ist sicher richtig, bereits die ungeborenen Kinder das Wort Gottes hören zu lassen, zumal das Ohr das erste voll entwickelte Sinnesorgan ist. Insofern verpassen wir Zeit, wenn wir den Kindern erst im Alter von zwei bis drei Jahren das Wort Gottes vermitteln. Je eher und je intensiver die Kinder dem Worte Gottes ausgesetzt werden, desto leichter wird es für sie werden, den richtigen Weg zu Gott zu finden. Hierbei tragen die Eltern die größte Verantwortung, wobei eine biblisch ausgerichtete Gemeinde die Eltern dabei unterstützen kann. Es ist gut, von alltäglichen Situationen herleitend geistliche Anknüpfungspunkte zu suchen und somit einen engen Zusammenhang zwischen dem Alltag und dem Glaubensleben herzustellen.

Jesus, der Herr, selbst redete oft am Tisch und belehrte seine Jünger und Zuhörer (z.B. Matthäus 9,10ff; Markus 14,3ff; Lukas 7,36ff; 14,1-14.15-24). Jesus Christus unterwies sie nicht nur in irdischen, sondern bevorzugt in geistlichen Dingen. Da er beständig mit seinem himmlischen Vater in Verbindung war, war es für Ihn vollkommen natürlich, Bezüge zum geistlichen Leben herzustellen. Dies ist für uns ein guter Denkanstoß für den Umgang mit unseren Kindern, denen wir „nebenbei" Fragen des Glaubens vermitteln. Selbst Reisen im Auto, Wanderungen und dergleichen eignen sich gut dafür.

In vielen anderen Situationen stellt Jesus Christus den Bezug zum Alltag her, indem er beispielsweise über den Himmel und von Unwetter spricht (Matthäus 16,3). Er erinnert die Jünger an das Wunder der Volksspeisung (Matthäus 16,8ff) und benutzt in seinen Gleichnissen sehr viele alltägliche Situationen, welche er auf das geistliche Leben anwendet (z.B. Matthäus 13; Markus 4; Lukas 8).

Im Alten Testament sehen wir ebenfalls viele Alltagssituationen, welche einen Glaubensbezug erhalten. So überträgt zum Beispiel David seine Erfahrungen als Hirte auf seine Beziehung zu Gott (Psalm 23). Die Kinder Korah haben einen schreienden Hirsch vor Augen und werden an die Beziehung zu Gott erinnert (Psalm 42). Ein anderer Psalm ist entstanden, als David in der Wüste war (Psalm 63). In Psalm 123,2 wird das Verhältnis der Knechte zu ihren Herren als Anlass genommen, über die Beziehung des Menschen zu Gott nachzudenken: *„Wie die Augen der Knechte auf die Hände ihrer Herren sehen, wie die Augen der Magd auf die Hände ihrer Frau, so sehen unsre Augen auf den Herrn, unsern Gott [...].*" Das machtvolle Aufgehen der Sonne wird mit Menschen verglichen, welche Gott lieben (Richter 5,31). Der natürliche Wasserkreislauf und die damit einhergehende Fruchtbarkeit der Erde wird zur Erklärung der Wirkung des Wortes Gottes herangezogen (Jesaja 55,10.11).

Zur Zeit Josaphats machte das Volk mit einem Chor als Heeresspitze so gute Erfahrungen, dass das Tal als Lobetal in die Geschichte Israels einging und auch später noch so benannt wurde (2. Chronik 20,26).

So ließen sich nahezu endlos viele Beispiele erwähnen, in welchen eine natürliche und vollkommen alltägliche Situation zum Anlass genommen wird, eine geistliche Wahrheit zu vermitteln.

Dieser natürliche Umgang unseres Herrn Jesus und anderer Personen mit Themen, welche auf den Glauben angewandt werden, ist vorbildlich. Es ist sehr gut, wenn wir unsere natürlichen Alltagssituationen nutzen, um über unser Leben mit Gott nachzudenken und dabei unsere Kinder aktiv mit einbeziehen. In unserer Jugend hatten wir ein Mitglied, an welches ich während des Schreibens dieser Zeilen erinnert wurde. Es war egal, in welcher Situation wir waren: Er fand fast immer einen Bezug zum Glaubensleben. Dies forderte mich natürlich heraus, zumal ich selbst über viele Alltagsdinge einfach so hinwegsah, ohne mir die Frage zu stellen: „Was kann ich daraus lernen?“ Leider haben ihn einige der Jugendlichen belächelt und nicht ernst genommen.

Das große Ziel der intensiven Vermittlung des Wortes Gottes ist die Errettung der Kinder. Spurgeon schreibt: *„Die natürliche Geburt schließt die Unreinigkeit der Natur ein, sie kann aber nicht die Gnade mitgeben.“*[136]

4. Notwendigkeit der Bekehrung früh vermitteln

Da der Begriff Bekehrung im Folgenden wiederholt erwähnt wird, soll er hier kurz erläutert werden: Mit der Bekehrung ist nicht irgendein Religionswechsel oder eine Charakteränderung gemeint, sondern eine konkrete Hinwendung zu dem Gott der Bibel, der sich in seinem Sohn Jesus Christus offenbart hat. Da Jesus Christus mit seinem Tod am Kreuz die Schuld aller Menschen getragen und bezahlt hat, kann jeder Mensch Vergebung erfahren, mit Gott versöhnt und somit ein Kind Gottes werden. Dies geschieht jedoch nicht automatisch, weil Gott in seinem Sohn Jesus selbst das Sühnopfer geworden ist. Die Bekehrung ist die bewusste Anerkennung, ein Sünder zu sein und die Bitte um Vergebung seiner Schuld vor Gott. Die Bekehrung bedeutet ebenfalls eine Gesinnungsänderung im Leben des Menschen, der sich zugleich mit der Hinkehr zu Jesus Christus seinem neuen Herrn unterordnet, Ihn als Herrn annimmt und entsprechend des Willens Gottes sein Leben ändert.

Bezüglich der Bekehrung hört man immer wieder die Einschätzung, dass man Kinder nicht dazu drängen solle. Das ist sicher richtig. Aber liegt es nicht in erster Linie an den Eltern, den Kindern die Notwendigkeit der Bekehrung zu vermitteln? Wann kann man da-

136 Spurgeon, Weide meine Lämmer, S. 28.

mit beginnen? In einer nicht veröffentlichten Umfrage unter circa 40 christlichen Familien herrschte die Ansicht vor, dass Kinder erst ab dem Alter von sechs bis sieben Jahren oder später die Grundzüge der Bekehrung, der Taufe und des Abendmahls verstehen könnten.[137]

In diesem Zusammenhang müssen wir verstehen, dass der Zeitpunkt des Erfassens einer Information stark vom Zeitpunkt der Vermittlung einer bestimmten Wahrheit abhängt. So wie es in Bezug auf alltägliche Informationen ist, ist es auch in Bezug auf göttliche Wahrheiten. Die Eltern merken wahrscheinlich schon im ersten Lebensjahr ihres Kindes, das einfache Zusammenhänge allmählich erfasst werden (Die Jacke anzuziehen, bedeutet spazieren zu gehen; Das Stillewerden zeigt das folgende Gebet oder Bibellesen an; Das Ausmachen des Lichtes bedeutet schlafen zu gehen usw.). Wenn das Kind bereits alltägliche Zusammenhänge erkennen kann, ist es Zeit, dem Kind einfache geistliche Zusammenhänge zu vermitteln. Ein paar Beispiele hierzu sollen genügen.

- *„So wie wir Eltern dich lieb haben, hat dich auch Gott lieb. Du siehst Ihn nicht, aber er ist da. Er liebt dich sogar noch mehr, als wir dich je liebhaben können."*
- *„Wir merken an deinem Schreien, dass du zornig bist. Dies zeigt uns, dass auch du ein sündiges Herz hast. Es wäre schön, wenn du Dein Herz schon bald dem Herrn Jesus schenkst."*
- *„Weil wir ein böses Herz haben, ist Jesus Christus am Kreuz gestorben, um uns unsere Schuld vergeben zu können und unser Herz neu machen zu können."*

Wenn wir davon ausgehen, dass der Geist Gottes als göttliche Person übernatürliche Fähigkeiten hat und an unseren Seelen durch Ermahnen, Trösten, Führen und Überführen wirkt, wieso sollte derselbe Geist Gottes nicht an der Seele eines neugeborenen Kindes wirksam sein können?

Wäre es angemessen, einem Baby am Tag der Geburt folgendes zu sagen:

---

137 Die Ergebnisse liegen dem Autor vor.

- *„Gott hat uns mit dir ein sehr gutes Geschenk gegeben, worüber wir uns sehr freuen. Aber auch du hast ein sündiges Herz. Es wäre so schön, wenn du es bald dem Herrn Jesus schenkst!"*?

In erster Reaktion kann mancher diesen Satz am Geburtstag als übertrieben bewerten. **Ist es nicht leider so, dass wir unseren Kindern eher zu spät biblische Wahrheiten vermitteln?** Selbst Skeptiker werden wohl zugeben, dass diese geistliche Lektion am ersten Lebenstag nicht schädlich sein wird. Durch eine extrem früh beginnende und fortwährend anhaltende Unterweisung erhalten die Kinder eine gute Grundlage für die Hinkehr zu Jesus Christus.

Ein Beispiel: Ein mir gut bekannter Junge hat im Alter von 14 Jahren seinem fünf Jahre alten Bruder vor dem Schlafengehen den Weg zu Jesus Christus erklärt, indem er auf die Sündhaftigkeit und die Möglichkeit der Vergebung durch Jesus Christus hinwies. Die ältere Schwester kam vorbei und sagte zu ihm: *„Er versteht das noch nicht, er ist zu jung."* Die gesamte Thematik zeigt jedoch eindrücklich, dass ein Kind in diesem Alter grundlegende Wahrheiten der Heiligen Schrift schon längst verstehen kann.

Ein persönliches Zeugnis drückt den nachhaltigen Schmerz eines nicht ernst genommenen Bekehrungswunsches aus:

„Als ich gerade fünf Jahre alt war, wollte sich mein drei Jahre älterer Bruder zu Jesus Christus bekehren. Das wollte ich auch und bat darum, dies ebenfalls tun zu dürfen. Meine Eltern wehrten mir: „Du kannst dies noch nicht verstehen." Weil ich trotzdem darauf beharrte, mich zu Jesus Christus bekehren zu dürfen, setzte sich eine gute Bekannte, die gerade zu Besuch war, für mich ein und bat meine Eltern, mich doch wenigstens zu Gott beten zu lassen. Hiervon ließen sich meine Eltern erweichen, doch der Schmerz dieses Satzes „Du kannst dies noch nicht verstehen", ging mir viele Jahre noch nach und in mir bohrte es immer wieder, dass ich nicht richtig bekehrt sei, weil ich es ja laut meinen Eltern noch nicht richtig hätte verstehen können. Wie sehr wünschte ich mir, meine Eltern hätten mich damals ernst genommen und einen solchen ungläubigen und unbedachten Satz nicht ausgesprochen."

a. Inhalte der Bekehrung vermitteln

Sicher fragt sich jetzt mancher, wie man einem kleinen Kind die Grundzüge der Bekehrung vermitteln kann. Dafür gibt es keine Methode oder Schablone, aber der Heilige Geist kann entsprechend der Situation die notwendige Kreativität geben, um konkrete biblische Wahrheiten kindgerecht vermitteln zu können. Einige Beispiele sollen als Anregung dafür genügen.

- *„Als Jesus als Mensch auf diese Erde kam, kam er, um die Menschen von ihrer Sünde zu erlösen. Damals schon hat er auch an dich gedacht, weil er dich liebhat." (Johannes 3,16)*
- *„Jesus starb für die Sünden der ganzen Welt, auch für deine. Denn immer, wenn du etwas Böses tust, hast du gesündigt. Aber Jesus will alle deine Sünden vergeben." (1. Johannes 1,9)*
- *„Das Kreuz, an welchem Jesus Christus starb, ist ein Zeichen dafür, dass Jesus mit seinem eigenen Tod unsere Schuld am Kreuz bezahlt hat. Jetzt müssen wir diesen schrecklichen Tod nicht mehr sterben. Wenn wir den Herrn Jesus um Vergebung bitten, vergibt er uns, und schenkt uns das ewige Leben. Ist das nicht wunderbar?"*
- *„Wenn du schon bald dem Herrn Jesus dein Herz schenkst, kannst du viel mehr Gutes für den Herrn Jesus tun."*
- *„Jesus Christus wartet auf Dich. Er möchte in deinem Herzen wohnen."*

Natürlich wäre das Evangelium einseitig, wenn es nur um die Gnadengabe der Erlösung gehen würde. Die Bekehrung beinhaltet nicht nur die Vergebung unserer Sünden, sondern auch die komplette Hinkehr zum Herrn Jesus Christus. Mit Jakob Kröker wünschen wir, *„dass unsere Kinder sich nicht nur zu Gott bekehren, sondern auch als ein Eigentum des Herrn, in Ihrem Dienen, Kämpfen und Leiden, in der Treue und im Gehorsam sich bewähren, damit ihre Errettung [...] ein Ruhm der Gnade Gottes und ihre Bewahrung ein Ruhm der Macht und der Treue Gottes [sei]."*[138] Manchmal scheint es jedoch, als seien Eltern bereits mit der Errettung ihrer Kinder zufrieden. Das höhere

---

138 Kröker, Jakob.

Ziel ist jedoch, ihnen zugleich ein Leben der Hingabe an unseren Herrn Jesus Christus zu vermitteln.

Auch hier sollen ein paar kurze Anregungen genügen:

- *„Wenn du zum Herrn Jesus kommst, dann will er dein ganzes Herz haben."*
- *„Der Herr Jesus möchte der König in deinem Herzen sein."*
- *„Jesus Christus macht dich richtig glücklich, wenn du mit Ihm lebst."*
- *„Jesus möchte, dass du Ihn als Herrn deines Lebens annimmst."*

b. Persönliche Seelsorge am Kind

Ein Kind wird vom Wort Gottes immer wieder in der einen oder anderen Form angesprochen. Es ist gut, darauf zu achten, ob das Kind durch eine bestimmte Situation oder eine geistliche Lektion, Predigt oder ähnliches durch Gottes Geist angesprochen worden ist. Es ist gut, sich vom Herrn die Weisheit zu erbeten, dem Kind Brücken zu einem Gespräch über den Glauben anzubieten. Sehr hilfreich ist es jedoch, wenn eine gute innere Beziehung zu dem Kind besteht oder aufgebaut wird und in einer vertrauensvollen Atmosphäre ein Gespräch angeboten werden kann. Häufiger werden sich wahrscheinlich in ganz gewöhnlichen Alltagssituationen Gelegenheiten ergeben, in denen wir mit den Kindern ins Gespräch kommen und sie auf die persönliche Beziehung zu Jesus Christus hinweisen können.

c. Ab welchem Alter können sich Kinder bekehren?

Diese Frage lässt sich nicht mit einer Altersangabe beantworten, da jedes Kind im Erfassen der Wahrheiten unterschiedlich ist. Wir könnten an dieser Stelle genauso die Frage stellen, bis zu welchem Alter sich Menschen bekehren können. Ist die Aufnahmefähigkeit in höherem Alter nicht schon oft erschwert? Hat das sündige Leben nicht manches Herz hart und damit unempfindlich für Gottes Reden gemacht? Dennoch erleben wir, dass auch Menschen im Alter von über 80 Jahren Jesus Christus als ihren Erlöser annehmen und mit Ihm leben. Letztlich ist die Bekehrungsmöglichkeit nicht in erster Linie altersabhängig. Hier müssen die Wirkung des Heiligen Geistes, das Ziehen des Vaters und der Wille des Menschen zusammentreffen.

Der Heilige Geist überführt von der Sünde, Gott, der Vater zieht den Menschen (Johannes 6,44) zum Sohn, der Sünder tut Buße und bekehrt sich in einer willentlichen Entscheidung zu Gott. Die Voraussetzung für eine Bekehrung ist ganz einfach die, dass die grundlegenden Heilswahrheiten der Heiligen Schrift von der Sündhaftigkeit des Menschen und der Errettung durch den Herrn Jesus aus Gnaden ohne Verdienst möglich ist und jedem Glaubenden gewährt wird.

Ab welchem Alter können Kinder diese Wahrheiten verstehen? Ohne eine konkrete Antwort geben zu können, müssen wir uns darüber im Klaren sein, dass Kinder immer mehr begreifen können, als wir oft denken. Von der praktischen Erfahrung her kann bei Kindern eine Bekehrung durchaus schon im Alter von vier bis fünf Jahren stattfinden. Zu früh können unsere Kinder nicht zum Herrn kommen. Ein Bekannter erzählte mir von einem alten Lehrer, der früher predigte, man solle, so wie Jesus mit seinen Eltern mit zwölf Jahren in den Tempel ging, ab diesem Alter die Kinder in das Haus Gottes bringen. Das traurige Ergebnis in dieser Familie war, dass sich alle Kinder vom Glauben an Gott abwandten. Bedacht wurde nicht, dass Jesus Christus bereits im ungefähren Alter von 40 Tagen von seinen Eltern das erste Mal in den Tempel gebracht wurde.

Wichtig ist, dass die Eltern persönlich um das Seelenheil ihrer Kinder bemüht sind. Natürlich hören die Kinder in den allgemeinen Gottesdiensten sehr viele biblische Wahrheiten.[139] Dort hören sie sicher auch einiges über die Notwendigkeit der Bekehrung. Sie hören dies wahrscheinlich auch in den Familienandachten, in denen im Familienkreis göttliche Wahrheiten möglichst kindgerecht vermittelt werden. Darüber hinaus ist es aber sehr effektiv, die Kinder ganz persönlich auf ihre Beziehung zu Jesus Christus anzusprechen. Hierin liegt eine große Verantwortung der Eltern, diese persönliche und individuelle Hinführung der Kinder zu Jesus Christus anzustreben. Diese Gespräche werden natürlich mit einem ernsten Ringen vor Gott um die Rettung der Kinder verbunden sein.

139 Vorausgesetzt ist, dass die Kinder von den Eltern regelmäßig zum Gottesdienst mitgenommen werden.

5. Warum wird das Augenmerk auf die Kinder gerichtet?

Wahrscheinlich stellen wir uns die Frage, weshalb gerade Kinder in Bezug auf Glaubensfragen besonders angesprochen werden sollen. Gilt der Missionsbefehl nicht allen Altersstufen in allen Nationen? Sicher ist das so! Wir stellen jedoch immer wieder fest, dass keine andere Altersgruppe eine annähernd große Bereitschaft zeigt, im kindlichen Glauben Dinge anzunehmen. Während in einem höheren Alter, auch durch das von Gott abgekehrte Leben, oft eine deutlich größere Grundskepsis besteht und viel mehr hinterfragt wird, glauben die Kinder gewöhnlich leichter. Das Kind vertraut in der Regel den Eltern und lernt sehr viel von ihnen und meist auch sehr gerne. In vielen Fällen lernt das Kind nicht durch Belehrung, sondern durch Nachahmung. Deshalb ist es gut, die grundsätzliche Offenheit auch für Glaubensfragen zu nutzen, und den Kindern bereits sehr früh durch Wort und Werk den Zugang zum Glauben an den Herrn Jesus und sein Wort zu erleichtern. So wie das Kind für die Liebe der Eltern sehr empfänglich ist, ist es auch für die Liebe Gottes empfänglich. Es wäre unklug, diese Offenheit der Kinder für Glaubensfragen nicht zu nutzen.

Werden die Kinder älter und erreichen die Pubertät, so wird das Herz durch den Einfluss der gottlosen Umgebung nicht selten verhärtet (Hesekiel 24,13) und die Hinkehr zu Jesus Christus wird erschwert. Kleine Kinder sind gewöhnlich noch nicht in so viele Sünden verstrickt wie ältere Kinder, Jugendliche oder Erwachsene.

Kleine Kinder haben außerdem die meisten ihrer Entscheidungen noch vor sich (z.B. Berufswahl, Heirat usw.). Diese Entscheidungen können, wenn die Kinder bereits Jesus Christus als Herrn angenommen haben, unter Gebet und göttlicher Leitung getroffen werden. Zusätzlich beobachten wir, dass Kinder, die von Anfang an sehr viel über den biblischen Glauben erfahren haben, vor vielen moralischen Entgleisungen wie Unzucht, Alkohol- und Drogensucht und dergleichen bewahrt werden. Zudem können Menschen, welche sich bereits als Kinder Jesus als Herrn unterordnet haben, ihr Leben wiederum viel intensiver für Gott nutzen. Spurgeon schreibt hierzu: *„Wenn wir sechzig, siebzig Jahre alt sind, sind unsere Kräfte fast erschöpft. Was bleibt noch für Gott, wenn wir unsere frühere Lebenszeit im Dienst des*

Teufels zugebracht haben!? Aber aus diesen lieben Mädchen und Jungen ist etwas zu machen. Wenn sie sich jetzt dem Herrn hingeben, haben sie vielleicht noch ein langes, glückliches, gesegnetes Leben vor sich, in dem sie von ganzem Herzen für Ihn leben können.“[140]

B. ALTERSABHÄNGIGE FÄHIGKEIT, GLAUBENSINHALTE ZU ERFASSEN

Die folgenden Betrachtungen beschreiben die altersabhängige Fähigkeit, Glaubensinhalte zu erfassen. Es ist klar, dass es sich dabei nur um eine grobe Darstellung handeln kann, zumal jedes Kind sich etwas anders entwickelt. Auch im Judentum wurden nicht alle Inhalte zugleich vermittelt. „So wurde die Sabbatruhe früher, das Fasten später eingeübt.“[141] Die Bibel[142] wurde mit fünf Jahren eingeübt, die Mischna mit zehn Jahren und der Talmud mit 15 Jahren.[143]

Die Kenntnis der altersgemäßen Aufnahmefähigkeit kann für Eltern, die ihre Kinder ganz bewusst im christlichen Glauben erziehen wollen, eine große Hilfe sein. Die folgenden Aspekte und Altersangaben sind jedoch nicht als absolute Grenzen zu verstehen, sondern lediglich als Hilfestellung, um dadurch seinen eigenen Umgang mit den Fragen des Glaubenslebens zu finden. Auch ist an dieser Stelle nicht beabsichtigt, über diesen Themenbereich eine ausführliche Abhandlung zu liefern.

Bemerkt werden muss jedoch erneut, dass die Aufnahmefähigkeit der Kinder leider oft unterschätzt wird. Wir sollten bemüht sein, unseren Kindern lieber mehr biblisches Wissen und Verständnis zu vermitteln als wir es für angemessen halten. Selbst dann könnten wir noch zu zögerlich gewesen sein.

1. Krabbel- und Laufalter (0 bis 2 Jahre)

In Bezug auf die geistliche Entwicklung ist das Kind keineswegs zu jung, um beginnend an biblische Wahrheiten herangeführt zu wer-

140 Spurgeon, Weide meine Lämmer, S. 32.

141 In: Müller, Peter, S. 160, Fußnote 264.

142 Gemeint ist hier das Alte Testament.

143 Müller, S. 160.

den. Im Alter von circa einem Jahr kann zum Beispiel eine **Kinderbibel** als Hilfsmittel eingesetzt werden. Da in diesem Alter gewöhnlich schon andere Bücher eingesetzt werden, um dem Kind verschiedene Zusammenhänge auf dem Bauernhof, an Baustellen, an Pflanzen usw. beizubringen, sollten biblische Berichte keineswegs später als normale säkulare (weltliche) Literatur eingeführt werden. Da sich Kinder gewöhnlich jenseits des ersten Lebensjahres sprachlich deutlich weiterentwickeln, sollte entsprechend des Sprachstandes frühzeitig mit dem **Lernen von einfachen Bibelversen** begonnen werden. Wenn ein Kind das Lied „Backe, backe, Kuchen“ imitieren kann, können auch schon geistliche Lieder und bald danach Bibelverse eingeübt werden. **Das Gebet mit dem Kind** und für das Kind sollte, so weit wie möglich, ab der Geburt im Beisein des neugeborenen Kindes gepflegt werden. Das Kind ist in diesem Alter vollständig **auf geistliche Hilfe von außen angewiesen**, da es sich weder durch das Lesen noch auf eine andere Art und Weise geistliche Wahrheiten erschließen kann. Uns muss die **vollständige geistliche Abhängigkeit des Kindes** bewusst sein, dann werden wir uns auch der Notwendigkeit der geistlichen Nahrung in diesem Alter gezielt zuwenden.

2. Kleinkindalter (2 bis 3 Jahre)

Das geistliche Leben ist in diesem Alter noch immer von **großer Abhängigkeit von den Eltern** geprägt. Das Kind kennt **(hoffentlich!)** bereits wesentliche biblische Berichte wie die Schöpfung, das Leben von Abraham, Mose, Daniel, das Leben Jesu und seine Kreuzigung. Nun geht es aber nicht nur um das mündliche Vermitteln biblischer Berichte, sondern um das christliche Leben als solches. Das Kind fängt an, in seinen Gebeten selbständiger zu werden und orientiert sich nicht selten an den Inhalten der elterlichen Gebete. Das kann sogar die Betonung betreffen. Das Kind **ahmt das Glaubensleben der Eltern nach**. Deshalb ist es gerade in dieser auch geistlich sehr sensiblen Phase von erheblicher Bedeutung, die Liebe zum Wort Gottes, zum geistlichen Gesang und zur Gemeinde durch eigenes Vorleben zu fördern. Kritische Worte über Prediger und die Gemeinde prägen bereits in diesem Alter die geistliche Haltung der Kinder. Dies ist meines Erachtens vielen so nicht bewusst.

3. Frühe Kindheit (4 bis 5 Jahre)

In seiner geistigen Entwicklung hat das Kind das Stadium des einfachen Nachmachens weitgehend verlassen. Es beginnt immer mehr, Zusammenhänge im allgemeinen – jedoch auch im Glaubensleben – zu verstehen. In vielen Fällen kann der kindliche Verstand jedoch das Erklärte noch nicht verstehen und glaubt es einfach. Da das Kind nur über sehr wenige eigene Erfahrungen verfügt, glaubt es buchstäblich kindlich. Biblische Wahrheiten werden nicht hinterfragt, sondern vertrauensvoll angenommen. Die Kinder übernehmen glaubensvoll das, was ihnen gesagt wird. Dass Gott existiert, ist für sie vollkommen klar, denn die Eltern haben es ihnen gesagt. Dass Gott die Welt geschaffen und dass die anderen Berichte der Bibel wahr sind, wird ebenfalls glaubend angenommen. Es gibt keinen Hauch von Zweifel. Die Liebe des Kindes zu Gott wird von dem Maß bestimmt, wie ihre Bezugspersonen, also wir Eltern, Gott lieben und wie unsere Nachkommen an diese Liebe zu Gott herangeführt werden. Das Kind versteht zwar noch nicht die Allmacht Gottes, aber die einfache Aussage: ***„Gott kann alles“***, reicht dem Kind aus, um Gott für seine Hilfe zu danken und Ihn weiter lieben zu lernen. Diese Zeit des kindlichen Glaubens ist für die Eltern und andere Bezugspersonen eine sehr gute Gelegenheit, dem Kind intensiv Glaubenswahrheiten zu vermitteln und damit ein ordentliches Glaubensfundament zu legen.

4. Mittlere Kindheit (6 bis 8 Jahre)

Die zunehmend reifere Entwicklung der Kinder ist zwar weiter vom kindlichen Glauben gekennzeichnet, das Kind ist jedoch nach wie vor für geistliche Dinge aufgeschlossen und glaubt weiter „blind“. Es kann in dieser Zeit ein feines Gewissen entwickeln und lernt Maßstäbe für richtiges und falsches Verhalten und nimmt dies bewusst war. Es werden sehr gerne Geschichten gehört. Der christliche Markt bietet heute eine Fülle guter Bücher und Hörbücher mit guten geistlichen Inhalten, so dass wir nicht auf allgemeine säkulare Literatur und andere Medien angewiesen sind. Da die ersten Kinder bereits sicher lesen können, sollte sorgfältig auf die Auswahl nützlicher Bücher geachtet werden.

Bei all der kindlich-glaubensvollen Grundhaltung des Kindes fängt es jedoch an, nach Erklärungen zu **fragen** und nach Beweisen zu suchen. Dies ist gewöhnlich nicht ein „Pubertäts-hinterfragen", sondern eine Suche nach Erklärungen. Es **beobachtet** die Eltern und Sonntagsschullehrer, wie sie die biblischen Berichte erzählen. Manchmal heißt es bei unpassenden Ausschmückungen von den Kindern: „*So steht das aber nicht in der Bibel.*" Da uns die Kinder **fragend beobachten**, sollten wir biblische Berichte bibeltreu erzählen. Das Kind merkt bei seinen Beobachtungen, dass es einen guten und schlechten Umgang gibt und fängt an, die Beziehungen zu anderen Kindern zu werten. Es beobachtet auch sich selbst und entdeckt eigene Schwächen. Da die Kinder Dinge bewusster wahrnehmen und auch das Handeln bewusster geschieht, ist die Lüge in diesem Alter schwerwiegender als das „Schwindeln eines Vierjährigen". Die Kinder beobachten insbesondere die Eltern und die (Sonntagsschul-) Lehrer. Sie achten nicht nur auf deren Worte, sondern auch auf ihr Leben und erkennen deren Werte. Uns muss bewusst sein, dass sowohl unsere Stärken als auch unsere Schwächen im Leben der Kinder Spuren hinterlassen.

5. Späte Kindheit (9 bis 11 Jahre)

Das Kind gewinnt einerseits eine gewisse Eigenständigkeit, andererseits will es zu einer Gruppe gehören. Es findet eine Gruppenbildung statt. Manchmal werden Cliquen gegründet oder andere Gruppenbildungen vorgenommen, zu denen sich die Mitglieder treu und innig verpflichten. Das Kind vertraut der Gruppe zum Teil mehr als den Eltern oder Lehrern und ist geneigt, sich den anderen **anzupassen**.

Bewundert werden besonders diejenigen, die genau das tun, was man selbst gerne tun würde. Man bewundert andere Menschen und schaut zu ihnen auf. Die Kinder sind auf der Suche nach Idolen, Idealen und Vorbildern, die nicht nur **bewundert,** sondern zum Teil auch **verehrt** werden. Die Kinder beschäftigen und identifizieren sich gerne mit den Helden einer Geschichte. Da die Kinder noch nicht sicher zwischen guten und schlechten Eigenschaften der von ihnen bewunderten Personen unterscheiden können, brauchen sie Hilfe von außen. Hier sind gerade gottesfürchtige Erwachsene, in erster Linie die Eltern, gefragt, eine Wertung[144] der von ihren Kindern geschätzten Personen anzubieten. Noch besser ist es, wenn die Kinder in ihren Eltern oder anderen Personen innerhalb der Gemeinde Vorbilder sehen, denen sie nacheifern können und durch welche sie zu einem gottesfürchtigen Leben geformt werden. Sehr hilfreich ist es in diesem Alter, biblische Helden vorzustellen. Dabei sollten nicht nur die Stärken, sondern auch die Schwächen berücksichtigt werden.

In diesem Alter, manchmal aber schon deutlich früher, wird dem Kind die Notwendigkeit der Bekehrung sehr bewusst und das Kind ringt um eine eigene Entscheidung. Wenn das Kind in einem christlichen Elternhaus aufgewachsen ist, hat es bis zu diesem Alter viele Grund- und Nebenwahrheiten der Bibel gehört, und manches davon bereits gut verstanden. Wir sollten das Kind ermutigen, sein Herz dem Herrn Jesus zu schenken. Dabei darf das Kind nicht zu einer Bekehrung gedrängt werden, aber es darf dazu ermutigt werden. Diese Frage muss sehr behutsam angegangen werden, um nicht den voreiligen Schluss einer Bekehrung zu wecken, wenn keine Wiedergeburt stattgefunden hat.

In diesem Alter fällen die Kinder nicht selten eine Lebensentscheidung für das Leben mit Gott.

Es ist sehr schön und eine sehr gute Grundlage, wenn die Sonntagsschullehrer ein gutes Vertrauensverhältnis und den Zugang zum Herzen des Kindes haben. In einer liebevollen, harmonischen Beziehung (was aber Strenge und Konsequenz mit einbezieht) wird das Kind auf persönliche Ansprache offener reagieren.

6. Frühes Jugendalter (12 bis 14 Jahre)

Erfahrene Bibellehrer teilen uns ihre Beobachtungen mit, dass in diesem Alter das Herz erwacht und wichtige Entscheidungen getroffen werden. Insbesondere sind die Kinder offener für eine bewuss-

144 Heute wird immer wieder darauf hingewiesen, dass Kinder ohne jegliche Wertung erzogen werden sollen. Dies ist fatal. Kinder sind nicht in der Lage, zwischen Gut und Böse zu unterscheiden. Sie brauchen hier dringend unsere Hilfe. Zudem werten diejenigen, die am meisten nach Wertungsfreiheit rufen, oft Gottloses als erstrebenswert.

te Umkehr zu Jesus Christus als ihren Erlöser. Manche beobachten, dass im Alter von etwa 12,16 und 20 Jahren die Herzen der jungen Menschen besonders durch den Heiligen Geist angesprochen werden.[145] Es ist durch verschiedene Untersuchungen bekannt, dass die Zahl der Bekehrungen nach dem 16. Lebensjahr abnimmt. Die jungen Menschen brauchen in diesem Alter eine teilnahmsvolle, nachsichtige, liebevolle aber konsequente Anleitung. Gerade hier sind die Eltern und andere Betreuungspersonen angehalten, manchem Zweifeln der Kinder richtig zu begegnen und durch eine vertrauensvolle Atmosphäre die Entscheidung für das Leben in der Nachfolge Jesu Christi zu erleichtern. In diesem Alter wenden sich leider vom Herrn Jesus ab und „gewinnen die Welt lieb".

Tabelle

Die altersabhängige Fähigkeit, Glaubensinhalte zu erfassen (Zusammenfassung)

Alter (Jahre)	Stufe	Stellung zum Glauben
0 – 2	Krabbel- und Laufalter	abhängig
2 – 3	Kleinkind	nachahmend
4 – 5	frühe Kindheit	glaubend
6 – 8	mittlere Kindheit	beobachtend, fragend
9 – 11	späte Kindheit	verehrend
12 – 14	frühes Jugendalter	zweifelnd

C. ERRETTUNG PER FORMEL?[146]

In unseren seelsorgerlichen Gesprächen mit Kindern müssen wir beachten, dass gerade kleine Kinder sehr empfänglich für Gottes Wort sind und sehr leicht zu einem Bekenntnis zu Jesus Christus geführt werden können. A. Gibbs hat sehr viel Erfahrung auf dem Ge-

145 Wölk, S. 34.

146 Gibbs, Alfred. Wagnis Kinderevangelisation, S. 27.

biet der Kinderevangelisation und warnt davor, die Kinder zur Bekehrung zu drängen, wenn sie errettet werden möchten. Die Kinder beschreibt er als geborene Nachahmer, welche gern gefällig sind.[147] Wegen der Klarheit der Worte wird an dieser Stelle ein längerer Abschnitt zitiert, welcher eine sehr gute Zusammenfassung einer falschen Bekehrungsmentalität aufzeigt:

„Hier ein Beispiel für eine solche Fragenfolge. Stellen wir uns vor, ein christlicher Mitarbeiter spricht mit einem Kind:

- *„Glaubst du, dass Gott sagt, dass alle Menschen gesündigt haben und dass du deshalb auch ein Sünder bist?“ Das Kind antwortet: „Ja.“*
- *„Glaubst du, dass du ewig verloren bist, wenn du in deinen Sünden stirbst?“ „Ja.“*
- *„Glaubst du, dass Gott dich liebt und seinen Sohn gab, der am Kreuz für dich gestorben ist?“ „Ja.“*
- *Jesus starb für Sünder und auch du bist ein Sünder. Glaubst du also, dass Jesus für dich starb?“ „Ja.“*
- *„Willst du ihm als deinem Erretter vertrauen?“ „Ja.“*
- *„Da du jetzt Jesus als deinem Erretter vertraust, bist du nun gerettet. Glaubst du das?“ „Ja.“*
- *„Willst du Jesus als deinen Herrn bekennen?“ „Ja.“*

Aufgrund seines Bejahens von sieben Suggestivfragen (gemeint ist eine Beeinflussung oder Manipulation) wird dem Kind versichert, es sei nun erretteter Christ!“[148]

Es sollte allen klar sein, dass mit dieser Methode Kinder (aber auch Erwachsene) sich in falscher Sicherheit wiegen können. Es muss dem Seelsorger klar sein, dass das Kind wichtige Wahrheiten der Errettung nicht nur mit Worten bejaht, sondern auch verstanden hat.

147 Gibbs, S. 28-29.

148 Gibbs, S. 27.

XII. PRAKTISCHE ANWENDUNGEN

Nach vielen grundlegenden Betrachtungen wollen wir uns jetzt einigen konkreten praktischen Anwendungen zuwenden, welche die geistliche Früherziehung der Säuglinge und Kleinkinder betreffen. Dabei mögen einige Ratschläge auf den ersten Blick „übertrieben" wirken. Bei persönlichen Gesprächen mit einigen älteren Glaubensgeschwistern stellte ich jedoch fest, dass manche der in dieser Arbeit erwähnten Schlussfolgerungen für die Generationen vor uns selbstverständlich waren. Darüber hinaus begleite ich jeden Leser mit dem Gebet, dass er sich von Gott eine große Kreativität schenken lässt, um viele weitere praktische Anwendungen zum Segen für die kommenden Generationen zu entdecken und sie zum Segen für andere weitergeben zu können.

1. Nach dem Beispiel von Hanna (1. Samuel 1,11) sollten die Kinder vom Herrn erbeten und schon vor deren Geburt (Empfängnis) dem Herrn geweiht sein. Mit dieser Grundhaltung wird die Einstellung zu den Kindern von Anfang an auf richtige Bahnen gestellt und die geistliche Erziehung wird vermutlich einen deutlich wichtigeren Platz einnehmen. Denn das Kind gehört ja letztendlich Gott und nicht den Eltern, auch wenn sie für das Kind sorgen werden. Gottesfürchtige Eltern werden alles tun, damit Jesus Christus sowohl in ihrem eigenen Leben, im Leben der bereits geborenen als auch im Leben der möglicherweise noch kommenden Kinder seinen zentralen Platz einnimmt. Dieses Lebensziel wird das Leben vor der Geburt, aber auch das Leben nach der Geburt ihrer Kinder maßgeblich beeinflussen.

An dieser Stelle soll allen Eltern Mut gemacht werden, die Kinder aus der Hand Gottes anzunehmen und offen für große Familien zu sein.

2. Nach den oben genannten Ausführungen können und sollen wir ruhig und frei für unsere Nachkommen beten, die noch nicht da sind. Es wird in unseren Familien viel mehr Segen entstehen, wenn wir schon vor der Empfängnis der Kinder um Gnade und Segen für die noch ungeborenen Kinder beten (Psalm 71,17-18). Mein Vater war in speziellen, Kinder betreffenden Fragen sehr zurückhaltend. Doch überraschte er mich nicht lange nach unserer Hochzeit und teilte mir und meiner Frau mit, dass sie als Eltern für unsere ungeborenen Kinder beten werden, sobald sie von deren Dasein erfahren würden. Dies machte uns persönlich Mut und wir verrieten unseren Eltern freudig die gute Nachricht eines heranwachsenden Enkels. Selbst wenn wir später nicht mehr über das Gebet der Eltern für unsere (und damit auch ihre) Nachkommen redeten, bin ich mir doch sicher, dass die Eltern weiter dafür gebetet haben. Hier sollten wir uns die Frage stellen, wofür wir beten und ob wir es glaubensvoll tun.

3. Da die Kinder bereits ab dem sechsten Monat der Schwangerschaft ein voll entwickeltes Gehör haben, sollte spätestens ab diesem Stadium der kindlichen Entwicklung die Bibel von der Mutter laut gelesen werden, sodass das Kind sich bereits Bibelworte einprägen kann (denken wir an Timotheus: *„von frühester Kindheit an“*, 2. Timotheus 3,15). Auch das laute Singen von geistlichen Liedern ist sicher für die geistliche Früherziehung hilfreich. Die Prägung durch das göttliche Wort findet mit Sicherheit – ohne es nachweisen zu können – schon vor der Entwicklung des Gehörs statt.

4. Am Tag der Geburt beten viele christliche Eltern vorbildlicherweise mit dem neugeborenen Kind und danken Gott für das Kind. So haben wir es bei unseren Kindern auch gemacht. Später haben wir angefangen, unseren Kindern am Tag der Geburt ein geistliches Lied vorzusingen. Da die Mutter nach der Geburt weniger in der Lage war, noch zu singen, waren es meist Solo-Lieder des Vaters. Leider kam bei uns erst nach der Geburt unseres letzten Kindes der Gedanke auf, dem Kind am Tag der Geburt einen von Gott erbete-

nen Bibelvers als Lebensmotto oder Segenswunsch mit auf den Weg zu geben. Selbst wenn wir davon ausgehen, dass das Kind den Sinn des Verses noch nicht versteht, können wir zugleich davon ausgehen, dass der Heilige Geist bereits am Neugeborenen durch das Wort Gottes sein Werk tut. Das wird er durch das biblische Wort mehr tun als durch menschliche und damit möglicherweise fehlerhafte Worte.

5. Wenn das neugeborene Kind gestillt oder anderweitig gefüttert wird, sollte die Aufmerksamkeit nicht dem Handy oder anderen technischen Geräten, sondern dem Kind und Gott gewidmet sein. Das Stillen ist nicht nur ein mechanischer Akt, sondern neben dem Füttern zugleich eine Zeit der Vertrauensbildung und der Hinwendung zu einem hilflosen Geschöpf Gottes. Diese Zeit kann zusätzlich intensiv genutzt werden, um dem Kind bereits erste biblische Wahrheiten zu vermitteln. Hierbei kommt in der Regel der Mutter eine wichtige Rolle zu. Wenn das Kind nicht zu sehr abgelenkt wird, kann während des Stillens das Wort Gottes laut gelesen werden. Das gibt der Mutter zugleich Gelegenheit, sich selbst von anderen Alltagsdingen zurückzuziehen, Zeit für Gott zu haben und sich selbst von Gottes Wort ernähren zu lassen. So kann die Mutter zugleich Gebende und Nehmende sein. Jakob Kröker schriebt hierzu: *„Betend darf die Mutter das Kindlein an die Brust legen und es nähren, betend darf sie es pflegen und versorgen, betend darf sie es zur Ruhe legen.“*[149] Bewährte geistliche Lieder[150], bedächtig oder fröhlich gesungen, beeinflussen nicht nur die spätere Gesangsfähigkeit, sondern haben auch beruhigenden und ausgleichenden Einfluss auf die Seele des Kindes.

Eine mir gut bekannte junge Familie berichtete von einem wundersamen Stillverhalten eines ihrer Kinder: Das hungrige Kind wurde im Alter von wenigen Wochen von der Mutter schreiend aus dem Bettchen genommen. Noch ehe es an die Brust angelegt wurde, entschied die Mutter gemäß der sonstigen Gewohnheit, zusammen mit dem Säugling erst Gott für die (Muttermilch-)Mahlzeit zu danken. Nach kurzer Zeit merkte das Kind, dass vor dem Stillen erst gebetet wurde und fing an, noch vor dem Anlegen an die Brust still zu wer-

---

149 Kröker, Jakob.

150 So wie sich das biblische Wort besser einprägt, wenn möglichst dieselbe Bibelübersetzung (vor-)gelesen wird, so prägen sich auch die Lieder besser ein, wenn sie immer wiederholt werden. Hierbei sollten wir auf geistliches Liedgut bedacht sein.“

den. Dieses praktische Erleben zeigt mir, dass ein Leben mit Gott manche Phantasie weckt und die Glaubenden dabei auf wunderbare Weise Gott erfahren dürfen.

6. Es ist gut, wenn die Mutter entsprechend ihrer körperlichen Situation die ersten Wochen überwiegend zu Hause verbringt, um sich und mit ihr das Kind an die neue Situation mit einem (weiteren) Kind zu gewöhnen. Zwar können wir die Zeit von vier bis sechs Wochen körperlicher Schonung (vgl. auch 3. Mose 12,4-5) nicht als eine vorgeschriebene ansehen, dennoch hat sich in der Vergangenheit eine Zeit der Ruhe und der Umstellung für die Mutter gut bewährt.[151] Gemäß der weiter oben beschriebenen Handlung von Joseph und Maria, Jesus Christus bald nach der vorgeschriebenen Wartezeit von Maria in den Tempel zu bringen, ist es sehr gut, wenn es für die gläubigen Eltern rasch zu einer Selbstverständlichkeit wird, zusammen mit dem Säugling die Gottesdienste in der örtlichen Gemeinde zu besuchen. Selbst wenn der Säugling dort überwiegend schläft, ist er immerhin „unter dem Wort Gottes". Wie bereits erwähnt, kann der Heilige Geist sein Werk selbst an schlafenden Säuglingen tun. Das Leben in und mit der Gemeinde Jesu Christi sollte für alle jungen Familien zu einer festen Gewohnheit werden. Das Haus Gottes sollte bald genauso eine Heimat sein, wie der eigene häusliche Wohnort. Die Kinder Korah beschreiben es im 84. Psalm (Vers 11) sehr gut: *„Denn ein Tag in deinen Vorhöfen ist besser denn sonst tausend; ich will lieber in meines Gottes Haus die Tür hüten, als in den Zelten der Gottlosen wohnen."* So wie ein Vogel sein Nest gefunden hat (Vers 4), so geht es wohl demjenigen, der im Hause Gottes wohnt (Vers 5).

7. Immer wieder taucht der Gedanke auf, dass die Kinder einen Schlafrhythmus hätten und dass dieser nicht gestört werden dürfe. Grundsätzlich ist ein regelmäßiger Tagesablauf ein Segen und eine Hilfe für die Kinder und ihre Eltern. Jedoch sollte dies nicht so weit gehen, dass die Eltern Sklaven des Tagesablaufs ihrer Kinder werden. Denn das würde tatsächlich bedeuten, dass Änderungen unter keinen Umständen erlaubt und die Kinder die abendlichen Gottesdienste

---

151 Diese gute Gewohnheit ist dem Alten Testament entnommen, nachdem die Mutter nach einer Entbindung für einige Woche im Hause bleiben sollte. Eine Schonzeit lässt sich auch medizinisch mit dem Wochenbett der Mutter begründen.

tatsächlich nicht mit ihren Eltern besuchen könnten. Zudem müsste dann auch ein Elternteil bei den Kindern zu Hause bleiben. Nach meiner Überzeugung und meinen Erfahrungen als Vater und Kinderarzt ist es für die Mehrzahl der Kinder kein ernsthaftes Problem, wenn auf Grund wichtiger Termine die Zeit zum Schlafengehen verändert wird. Wenn wir die gemeinsamen Gottesdienste in der Gemeinde als wichtigen Termin ansehen, können wir ruhig im Vertrauen auf folgende Segnungen Gottes an solchen Tagen die Kinder später als gewohnt zu Bett bringen, nachdem wir möglichst gemeinsam die Gottesdienste besucht haben. Die Eltern eines sechs Monate alten Säuglings schrieben mir dazu: *„Unser Säugling gewöhnt sich durch die Abendversammlungen an den Rhythmus, erst nach 20.00 Uhr für die Nacht schlafen zu gehen“*. Wenn die Gottesdienste bewusst vernachlässigt werden, geht viel Segen verloren, weil wir mit dem „Verlassen der Versammlungen“ Gott ungehorsam sind (Hebräer 10,25).

8. Nach 5. Mose Kapitel 6,7 sollen wir unseren Kindern die göttlichen Befehle einschärfen. Auf dieses Bibelwort wurde bereits eingegangen. Doch wie geschieht dies praktisch? Sicher gibt es viele verschiedene Methoden, zu denen uns Gott führt. Die Grundlage wird jedoch immer gleich sein: *„Wenn du in deinem Hause sitzest oder auf dem Wege gehst, wenn du dich niederlegst oder aufstehst […]“* (Vers 7). Letztlich ist der ganze Tag mit seinen unzähligen Unterweisungsmöglichkeiten gemeint. Möge der Geist Gottes uns immer wieder an diese göttliche Wahrheit erinnern. Denn viele Gelegenheiten, aus der Alltagssituation heraus den Kindern geistliche Wahrheiten zu vermitteln, werden versäumt. Mögen wir uns innerlich so von Gottes Wort füllen und fesseln lassen, das wir gleich einem überlaufenden Gefäß nicht anders können, als über die heiligen Wahrheiten Gottes zu reden. Es sollte uns egal sein, ob wir gerade im Geschäft, im Auto, im Gewächshaus oder sonst irgendwo sind. Gerade der Abend und der Morgen des Tages (das Aufstehen und das Niederlegen) sind wichtige Momente, an denen wir uns gegenseitig an Gottes Gebote erinnern können.

In seinen Vortragsaufzeichnungen erwähnt P. Enns[152] interessante Aussagen des orthodoxen jüdischen Gelehrten **Rav Asher Kushnir**.

152 Enns, P., unveröffentlichtes Manuskript von 2017.

Nach seinen Erkenntnissen sind nämlich die Zeiten des Aufwachens und Einschlafens (nach der Einschulung zusätzlich die Zeit des Aufbruchs zur Schule bzw. der Heimkehr von der Schule, also dem Wechsel: ***Schulwelt* - *Heimwelt***) kritische und besonders wichtige Zeiten für die Erziehung, in denen die Kinder besondere emotionale und seelische Bedürfnisse (Nähe, Geborgenheit, Mitteilungsbedürfnis, Austausch und Verstandensein von Seiten der Eltern) haben. Insbesondere beim Schlafengehen und Erwachen wechseln die Kinder in eine oder von einer unbekannten Dimension des Unbewusstseins (***Schlafwelt***) in das reale Leben (***bewusst erlebte Welt = Heimwelt***). Dies kann mit Fragen, Angst und Unsicherheit verbunden sein und öffnet den Eltern oder auch dem Worte Gottes (bzw. einer geistlichen Erzählung oder Lektüre) den Zugang zum Herzen des Kindes für geistliche Gespräche, biblisches Einschärfen von Wahrheiten, Beibringen des Gottvertrauens und des kindlichen Glaubens.

9. Das Einschärfen gelingt nicht nur durch praktische Beispiele oder aus Alltagssituationen heraus gewonnenen geistlichen Anwendungen, sondern sicher noch kraftvoller durch das **direkte Wort Gottes**. Natürlich können wir uns die Frage stellen, ab welchem Alter das Lernen von Bibelversen angemessen ist.[153] Vor der Beantwortung dieser Frage sollten wir uns zunächst die Frage stellen, ab welchem Alter wir unseren Kindern Lieder vorsingen. Wir tun dies noch weit bevor die Kinder den Inhalt der Lieder verstehen. Viele haben wahrscheinlich schon in den ersten Wochen mit ihrem Kind Lieder gesungen. In der Regel werden die ersten Lieder noch im Säuglingsalter eingeübt und das Kind fängt an, mit Mimik, Gestik oder Körperbewegungen zu reagieren. Wenn das Kind bereits Lieder lernen kann, weshalb sollte es dann nicht schon imstande sein, das Wort Gottes in Form von Bibelversen zu lernen? Natürlich wird es zunächst einen Teil des Inhaltes intellektuell nicht erfassen, aber dennoch wird sich der Inhalt der Bibelworte zunehmend im Herzen des Kindes verankern und sich später im Leben des größer werdenden Kindes bemerkbar machen.[154]

---

153 Bei diesen Ausführungen geht der Autor davon aus, dass das Lernen der Bibelverse grundsätzlich unabhängig vom Alter ein großer Segen ist.

154 Selbst das „Als-ob-Lernen" mit einem Säugling wird dazu beitragen, das Baby mit dem Wort Gottes vertraut zu machen.

10. Unsere Kinder sollen möglichst früh und möglichst oft das Wort Gottes hören. Denn dies alleine hat die Bestätigung, Gottes Wort zu sein, welches wirksam ist. Menschliche Worte müssen sich zwangsläufig dem göttlichen Wort unterordnen und daraus gespeist werden. Die Phantasie und Kreativität des gottesfürchtigen Erziehers wird viele Gelegenheiten finden oder schaffen, das göttliche Wort den Kindern einzuschärfen. Einige Alltagssituationen sollen zur Anregung des Denkens hier weitergegeben werden:

a. Familienandachten. Diese meist abends stattfindenden Gemeinschaften, an denen die Eltern zusammen mit den Kindern teilnehmen, sind für die Kinder sehr gute Gelegenheiten, ihre Alltagssorgen oder -freuden durch Erzählen und gemeinsames Gebet loszuwerden, um unbeschwert in die Nacht gehen zu können. Das biblische Wort sollte dabei nicht fehlen, denn es sind zugleich einzigartige Gelegenheiten, den Kindern anhand des Wortes Gottes kindgerecht göttliche Wahrheiten zu vermitteln. In einem Jahr sind es 365 kleine biblische Lektionen, welche die Kinder hören. In 10 Jahren sind es bereits 3650 Lektionen. Wenn das Wort Gottes zentral ist, wird diese Prägung das Denken der Kinder maßgeblich beeinflussen. Werden die Familienandachten vernachlässigt, verliert man viele günstige Gelegenheiten, in denen Gottes Geist an den Herzen der Kinder arbeiten kann. Weitere Hilfestellung für die leider oft gar nicht oder nicht mehr regelmäßig durchgeführten Familiengemeinschaften liefert zum Beispiel Jerrey Marcellino[155].

Der Autor Zeller schreibt hierzu: „*Für Erzieher wie für Zöglinge gleich wichtig, heilsam und nötig ist es, täglich Worte durchläuterter Wahrheit zu hören und [darüber] nachzudenken. Dadurch werden Gedanken Gottes in die Gedanken des menschlichen Herzen aufgenommen, Gedanken Gottes über die wichtigsten Gegenstände menschlichen Nachdenkens, Wollens, Strebens und Hoffens, wie sie in den Büchern des Alten und Neuen Testamentes, in Geschichte, Lehre und Weissagung niedergelegt sind. Denn wir leben in einer Welt und in einer Zeit, in welcher täglich durch Wort und Beispiel so viel Falsches und Halbwahres, so viel Böses und Scheingutes, so viel Verführeri-*

155 Marcellino, Jerry: Der verlorene Schatz der Familienandacht. Die Wiederentdeckung des Gottesdienstes als Familie. Betanien Verlag 2006.

sches auf die Herzen eindringt, so unwiderstehlich, wie die Luft durch alle Türen, Fenster und Risse eindringt in unsere Häuser. Der Lesestoff hat sich so ungeheuer vermehrt und vervielfältigt, dass sich weder Erzieher noch Zöglinge vor der Zerstreuung bewahren können."[156] Heute werden wir nicht mehr so durch Bücher aber dafür umso intensiver von einer enormen Informationsflut überrannt. Wenn die Kinder nicht intensiv an das Wort Gottes herangeführt werden, werden sie in dieser Welt „untergehen".

b. Lebenserfahrungen mit Gott. Für unsere Nachkommen ist es wichtig, die Berichte und andere Wahrheiten der Bibel vermittelt zu bekommen. Neben den Eltern können auch alle anderen Personen, welche innerhalb oder außerhalb der Familie Kontakt zu den Kindern haben, wertvolle Dienste leisten. Es ist aber auch von großer Bedeutung für unsere Kinder, unsere eigenen Erfahrungen mit Gott zu kennen.[157] So wird der Glaube nicht nur aus dem Blickwinkel der biblischen Berichte gesehen, sondern durch aktuelle Beispiele aus dem Leben der Eltern auch heute noch als aktuell wahrgenommen. Die Kenntnisse der Handlungen Gottes im Hier und Jetzt können den Zugang zu dem lebendigen Gott erleichtern. Wir drücken damit aus, dass Gott nicht nur damals wunderbar geführt hat, sondern es genauso auch heute noch tut. Deshalb sollten wir uns angewöhnen, unsere Lebenserfahrungen mit Gott unseren Kindern mitzuteilen.

c. Neue Medien. Um das Wort Gottes besser vermitteln zu können, wäre darüber nachzudenken, ob auf CDs und ähnlichen Datenträger, welche von christlichen Verlagen erstellt werden, bewusst längere wörtliche Bibelpassagen eingebaut werden. Dies wird nach meinen Überzeugungen die Kenntnis des Wortes Gottes verbessern, zumal die Geschichten meist wiederholt gehört werden und damit auch Bibeltexte wiederholt gehört und damit besser gespeichert werden.

d. Eigene Bibel. Sobald die Kinder das Lesen einigermaßen beherrschen, sollten wir für eine eigene Bibel sorgen. Verbunden mit einer persönlichen Erklärung über den ehrfurchtsvollen Umgang damit, kann die Bibel mit einer persönlichen Widmung und einem Gebet

156 Zeller, Erziehung, S. 101-102
157 Tripp, Tedd, S. 34ff.

überreicht werden. Jedoch ist damit die elterliche Pflicht noch nicht erfüllt. Die Kinder müssen immer wieder zum Lesen des Wortes Gottes angespornt und angeleitet werden. Bei all dem Konsumdenken sollten wir diese zusätzlichen Ausgaben nicht scheuen, und lieber an anderer Stelle sparsam sein.

Das Schreiben dieses Buches spornte mich in der Endphase dazu an, endlich unserem jüngsten Sohn eine neue eigene Bibel zu überreichen. Bereits seit über einem Jahr bat er darum, ohne dass wir zügig reagierten. Dies hing auch z.T. damit zusammen, dass wir uns in der Wahl der Übersetzung unsicher waren und überlegten, eine andere Bibel für ihn reparieren zu lassen. Letztlich entschieden wir uns dafür, ihm eine neue eigene Bibel zu schenken, die er mit Freuden annahm.

Hierzu spornte bereits 420 n.Chr. der Kirchenvater Chrysostomos an, indem er schrieb: *„Erziehen wir die Kinder in der Zucht und Lehre des Herrn! Geben wir ihnen die besten Beispiele an die Hand, indem wir sie von frühester Jugend an zum Lesen der Heiligen Schrift anhalten!“*[158]

11. Das Wort Gottes ist in einem gottesfürchtigen Hause nicht nur zur Vermittlung biblischer Wahrheiten notwendig, sondern sollte auch in der Zurechtweisung und Bestrafung seinen wichtigen Platz einnehmen (2. Timotheus 4,2). Der Hauptgedanke ist folgender: Wenn die Eltern sich in ihrem Handeln und Reden selbst unter das Wort Gottes stellen, dann sind sie nicht die unmittelbar Handelnden. Da sie sich selbst unter die göttliche Autorität gestellt haben, handelt letztlich Gott durch die Eltern an den Kindern. Wenn wir von den Kindern Gehorsam erwarten, können wir rein humanistisch argumentieren und dem Kind die Vorzüge des Gehorsams für jetzt und das spätere Leben erklären. Sicher wird vieles davon richtig sein. Aber wenn wir die Gehorsamserwartung mit dem Wort Gottes begründen, spricht Gott durch sein Wort zum Kind. Genauso verhält es sich mit der Zurechtweisung oder der Strafe. Es ist gut, unseren Kindern klare Linien und Verhaltensnormen zu vermitteln. Aber genau so wertvoll ist es, das Vergehen

158 Chrysostomos. Kommentar zu den Briefen des hl. Paulus an die Epheser (In epistulam ad Ephesios commentarius). Einundzwanzigste Homilie [Kap. VI, Vers 1-4].

des Kindes nicht nur zu tadeln, sondern den Tadel auch biblisch zu begründen. Dazu muss man aber selbst die Bibel gut kennen, um sie in der entsprechenden Situation passend anwenden zu können. Wir dürfen aber, wenn wir den göttlichen Willen kennen, darauf vertrauen, dass Gott uns durch seinen Heiligen Geist an die richtigen Worte der Heiligen Schrift erinnern wird. Manche Autoren führen in ihren Büchern längere Listen auf, um eine bestimmte Verhaltensweise oder Sünde bestimmten Bibelversen zuzuordnen.[159] Diese Listen können sicher eine gute Hilfe sein, um biblische Reaktionen einzustudieren und daraus herleitend auch als Erwachsener gute Gewohnheiten zu entwickeln. Jedoch dürfen solche Hilfestellungen nicht zu einem bloßen Verhaltenskatechismus verkümmern. Unsere Reaktionen sollten vom Herrn erbeten und vom Geist geleitet sein. Praktisch könnte man bei einem Vergehen des Kindes zum Beispiel sagen:

- *„Ich muss dich bestrafen, weil du Gott ungehorsam warst, denn Gott sagt in seinem Wort: ...“*

Möge Gott uns in seiner Gnade viele Ideen geben, um das Wort Gottes in all den vielen unterschiedlichen Situationen anwenden zu können.[160]

Ein Anruf eines Freundes (Juli 2019) bestätigt die Bedeutung dieses Gedankens. Er schilderte mir aus seiner eigenen Erfahrung, dass die Benutzung des Wortes Gottes in der Erziehung auch in der Beurteilung des Fehlverhaltens sehr wertvoll ist. Es sei, *„als ob ein göttliches Geheimnis dahinterst*ünde, *wenn wir das Wort Gottes benutzen.“*

12. Unser Glaube wird von den Kindern genau analysiert. Ohne irgendetwas zu sagen, fangen bereits Säuglinge an, gewisse Denkmuster und Reaktionsweisen der Eltern zu übernehmen. Wir merken dies zum Beispiel beim Beten. Bereits nach wenigen Monaten

159 So z.B. Priolo, Lou. S. 163-173. Dort werden 52 verschiedene Verhaltensweisen einigen biblischen Aussagen gegenübergestellt. Am Ende desselben Buches werden 15 humanistische Denkweisen der biblischen Wahrheit gegenübergestellt (S. 180-183).

160 Diesen Aspekt hat Lou Priolo in seinem Buch in besonderer Weise betont und trägt berechtigterweise den Untertitel „Wie man die Bibel in der Erziehung anwendet.“ Dieses Buch kann weitgehend empfohlen werden, an einzelnen Stellen (z.B. S. 105-106) kann der Autor jedoch die Meinung von Herrn Priolo nicht teilen. Dort geht es um die Gewohnheit des Schminkens.

fangen viele Kinder an, unaufgefordert die Händchen zu falten, nachdem sie es vorher bei den Eltern oder älteren Geschwistern gesehen haben. Die Kinder erfassen schneller, als wir es ihnen zutrauen, ob unser Glaube echt ist. Unsere Art über Gott zu reden (langweilig oder ehrfürchtig), über das Wort Gottes nachzudenken (ist das Wort Gottes für mich wichtig und hat es mich erfasst?) oder einfach unser Gottesdienstbesuch – all dieses hinterlässt bereits im ersten Lebensjahr bei den Kindern Spuren, selbst dann, wenn wir es ihnen noch nicht zutrauen. Es ist für unsere Familien lebensnotwendig, dass wir als Erwachsene unseren Kindern einen lebendigen und aktiven Glauben vorleben: „*Folget mir, liebe Brüder, und sehet auf die, die ebenso wandeln, wie ihr uns zum Vorbilde habt* (Philipper 3,17)." Wenige Tage vor dem Schreiben dieser Zeilen besuchte ich in Osthessen einen älteren Herrn. Er schilderte mir sehr traurig seine Beobachtung vom letzten Kirchgang: Nur zehn Personen seien dagewesen, und fast nur Ältere. Bald kam er darauf, dass die Kinder am christlichen Glauben kein Interesse entwickeln, wenn die Eltern diesen nicht vorleben. Deshalb lasst uns ringen und flehen, dass wir unseren Kindern einen echten Glauben an Gott und sein Wort vermitteln.

13. Zum Abschluss soll noch einmal betont werden, dass bereits sehr junge Kinder zum Guten wie zum Bösen beeinflusst werden können. Wie schon mehrfach beschrieben, wird die Aufnahmefähigkeit des Kindes für das jeweilige Alter gewöhnlich unterschätzt. Auch verschiedene Tiere (z.B. Kaninchen, Katzen, Hunde, Pinguine, Robben) werden geprägt, indem sie möglichst sofort von dem Besitzer oder Tierpfleger an ein bestimmtes Verhalten gewöhnt werden. Nun sind Menschen keine Tiere und können mit ihnen nicht gleichwertig verglichen werden. Hinzu kommt, dass Menschen, egal ob klein oder groß, eine unsterbliche Seele haben, und der Teufel ebenfalls um sie bemüht ist.

14. Nach allen Erläuterungen gehen wir davon aus, dass die Prägung eines Kindes gerade in den ersten Lebensjahren die stärksten Auswirkungen hat und darum in den ersten Lebensjahren besonders intensiv umgesetzt werden sollte. Diese Prägung fängt mit der Herzenshaltung vor der Zeugung des Kindes an, setzt sich dann

intensiv in den ersten Lebenswochen des geborenen Kindes fort und hat bis zur Einschulung im Alter von etwa sechs Jahren die größten Auswirkungen. Dann verlässt das Kind gewöhnlich – zumindest zeitweise – den beschützten heimischen Ort. Jakob Kröker schreibt hierzu: „*Mit dem 7. Lebensjahr ist die schöne, freie Spielzeit, selige Zeit der Kindheit, abgelaufen, und wir sehen uns genötigt, sie aus dem mehr abgeschlossenen Familienkreis herauszulassen. Betend und segnend begleiten wir ihren ersten Gang zur Schule, es beginnt hinfort für sie ein ganz neuer Abschnitt ihres Lebens. Es beginnt die Zeit des Unterrichts mit ihren Freuden und Leiden, ihren Segnungen und Gefahren. Denn auch die Schule hat außer den vielen Segnungen ihre Gefahren, die verderblich auf die Kinder einwirken können. Der Klassenraum ist der Sammelplatz einer Anzahl von Kindern, die eine sehr verschiedene Erziehung genossen haben, verschiedene Charaktere und sehr verschiedene Fähigkeiten und Anlagen besitzen. Da haben sie Gelegenheit, einer vom anderen zu sehen und zu lernen und sich anzueignen, nicht allein das Gute, sondern auch das Böse.*“[161]

15. Für die systematische Vermittlung biblischer Heilswahrheiten gab es in der Vergangenheit nur einzelne Veröffentlichungen als Hilfestellungen für Eltern.[162] Es war für mich erstaunlich, auf dem christlichen Büchermarkt nur so wenige Angebote zu finden. Mir ist bewusst, dass konkrete Hilfestellungen zwar sehr hilfreich sein können, jedoch nicht nur Vorteile mit sich bringen, sondern zu einer rein schematischen Glaubensvermittlung degradiert werden können, wenn die Wahrheiten dem Kind nicht in geistgewirkter Art und Weise vermittelt werden. Der Glaube ist lebendig und als solcher sollte er mit oder ohne Hilfestellung den Kindern vermittelt werden. Insbesondere gibt es kaum verfügbare Literatur im Sinne einer „Dogmatik für Kinder." Mein Gebet ist, dass Gott fähige Personen beauftragt, diese zu erstellen.

16. Um die hohen Ziele einer zu Gott hinführenden Erziehung gewährleisten zu können, braucht man Zeit. Zeit, um die eigene Beziehung zu Gott zu stärken, um fähig zu werden, die göttlichen

---

161 Kröker, Jakob.

162 Z.B. Bücher von Taylor, Kenneth N.; „Das müssen alle Kinder wissen"; „Biblische Glaubenslehre für Kinder" (s. Literaturliste); Mack, S. 136-141 (10 kurze Lektionen über Glaubensinhalte).

Prinzipien und das göttliche Wort weitergeben zu können. Da in der heutigen Gesellschaft immer mehr darauf gedrängt wird, das Kind früh in den Hort oder in den Kindergarten zu geben, bleibt den Eltern effektiv immer weniger Zeit, um die Kinder entsprechend selbst beeinflussen zu können. Dies wird schnell zu einem Problem. Denn in der verbliebenen Zeit zu Hause wird es kaum noch möglich sein, in den Herzen unserer Kinder manche dort erworbene Denkweise zu korrigieren. Gerade wenn die Mutter ebenfalls berufstätig ist, ist ihr für die Erziehung der Kinder nicht nur die Zeit, sondern zu einem großen Teil auch die Kraft dafür genommen. Es sollte deshalb besonders anerkannt werden, wenn die Mutter die ihr von Gott zugeteilten Aufgaben im häuslichen Bereich als heiliges Vorrecht und heilige Pflicht ansieht, welcher sie sich mit Freuden stellt. Da wir angesichts des zunehmenden Verfalls der Moral feststellen müssen, dass auch die Kindergartenpädagogik zunehmend mehr den gottlosen Ideologien unterworfen wird, müssen wir uns immer konkreter die Frage stellen, ob ein Kindergartenbesuch noch zu empfehlen ist. Es ist deshalb nicht verwunderlich, dass manche Eltern sich bewusst gegen den Kindergartenbesuch ihrer Kinder entscheiden und auch bereit sind, finanzielle Nachteile in Kauf zu nehmen. Übrigens besteht in Deutschland anders als in Österreich keine Kindergartenpflicht.[163]

Abschließend möchte ich noch einmal anspornen, Gott um viele weitere Ideen zu bitten, mit welchen praktischen Methoden den Kindern der Glaube nahegebracht werden kann. Lasst uns diesbezüglich in einen geistgewirkten Wettstreit eintreten und unter Gebet und gottesfürchtiger Herzenshaltung die erbetenen Ideen einander mitteilen und damit anderen Eltern gute Erfahrungen zum Segen für die Kinder und deren Eltern ermöglichen. Lasst uns gleich dem treuen Knechte zum Herrn gehen und Ihm freudig die fünf oder zwei erworbenen Talente geben: „*Herr, du hast mir fünf gegeben, hier sind weitere fünf […]*“ (Matthäus 25,20).

163 https://www.das.de/de/rechtsportal/rechtsfrage-des-tages/1/muss-mein-kind-in-die-kita.aspx (Abruf am 06.08.2019).

XII. DIE AUSWIRKUNG DER ERZIEHUNG

Wenn das Buch bis hierher gelesen worden ist, kann der Eindruck entstehen, als könne man die Kinder mit einer intensiven geistlichen Prägung und Erziehung zwangsläufig zu einem Leben mit Gott bringen. Natürlich prägen wir weitreichend durch unser Leben die Umgebung und insbesondere unsere Kinder. Wir können Fehler begehen, die später kaum noch korrigierbar sind, weil sich ein bestimmter Charakter bereits entwickelt hat.

So scheint es bei **Adonia** zu sein (1. Könige 1,5-6). Er war der vierte Sohn Davids (2. Samuel 3,4). Offensichtlich wurde ihm in seiner Kindheit nichts verwehrt, so dass er der Meinung war, er könne alles bekommen, was er möchte. Als er beschloss, König zu sein, ohne dies mit seinem Vater David abzustimmen, wurde er zunächst vom rechtmäßigen König Salomo begnadigt (1,53), dann aber doch hingerichtet (2,24-25). David hatte seinem Sohn nie Einhalt geboten. Diese Prägung hat in seinem Leben eine fatale Spur hinterlassen!

Das nächste Beispiel überrascht, gerade wenn wir es aus dem Blickwinkel der Seelsorge betrachten. Wir wissen, dass der Herr Jesus ein exzellenter Seelsorger war. Er war es, weil er als Sohn Gottes allwissend ist und die Gedanken der Menschen erkennen kann. Somit war er fähig, entsprechend ihrer Überlegungen zu reagieren, und dies noch bevor das Problem benannt wurde. Kein Seelsorger kann an die Fähigkeit des Herrn Jesus heranreichen. Und dennoch hatte er nicht immer Erfolg in dem Sinne, dass das Ziel der Seelsorge, nämlich eine Umkehr, erreicht würde, zumindest nicht immer unmittelbar. Hierbei handelt es sich um den reichen Jüngling, über den uns in Markus 10,17-22 berichtet wird. Dieser junge Mann stellte die Frage nach dem ewigen Leben. Nach seinen eigenen Aussagen führte er ein gottesfürchtiges Leben, denn er hielt die Gebote Gottes. Jesus Christus jedoch erkannte das Problem seines Herzens und bat ihn, alles zu verkaufen, was er hatte. Die Ursache für diese Aufforderung liegt darin begründet, dass er viele Güter hatte. Dazu war er jedoch zunächst einmal nicht bereit. Sein Problem war aber offensichtlich nicht sein Besitz, sondern seine habsüchtige Herzenshaltung, die ihn davon abhielt, dem Herrn vollständig nachzufolgen. Die Ursache für diesen Ausgang liegt nicht im Wissen oder Unwissen des jungen Mannes sondern in seinem Unwillen, Christus zu gehorchen. Über diesen Unwillen des Menschen setzt sich der Herr nicht hinweg. Da nützte es auch nichts, dass der Herr Jesus ihn liebhatte (Vers 21). Der junge Mann ging traurig davon.[164] Was später geschah, ist unbekannt. Wir werden in unserer Erziehung auch nicht immer Erfolg haben. Letztlich hängt das Gelingen von der Gnade Gottes, der persönlichen Entscheidung des Kindes und nicht von einer bestimmten Methode ab.

Gottesfürchtige Eltern wünschen sich, dass Gott *„aus den Kindern Propheten auferweckt und Gottgeweihte aus den Jünglingen"* (Amos 2,11). Die im hebräischen Urtext erwähnten Worte für Kinder und Jünglinge sind *„ben"* und *„bachur"*.[165] Diese Begriffe können stellvertretend für unsere Kinder gebraucht werden, so dass wir bildhaft für *„Ben"* und *„Bachur"* beten können, dass sie zu Gottes Dienern werden.

Genauso ist es mit der Erziehung. Je jünger die Kinder bei der Vermittlung gewisser Prinzipien und biblischer Wahrheiten sind, desto stärker macht sich dies bemerkbar. Konkret heißt dies: Je früher die geistliche Erziehung beginnt, desto effektiver ist sie. Hier lohnt es sich, auf die Knie zu gehen (wie ich es während des Schreibens dieses Buches mehrfach tat) und Gott um Weisheit und gesegnete

---

164 Das griechische Wort schließt ein gewisses Entsetzen oder sogar Hass mit ein.

165 Ben steht für Sohn, bachur für noch nicht ganz erwachsene aber bereits im entwickelten Jünglingsalter stehende Personen.

Kreativität zu beten (Jakobus 1,5), um viele gute gottwohlgefällige Gedanken zu entwickeln.

Unsere gottesfürchtige Erziehung bereitet den Boden des Herzens vor, jedoch muss jeder Mensch in seiner Kindheit oder in seiner Jugendzeit eine eigene Entscheidung für oder gegen den biblischen Glauben treffen. Bei Daniel sehen wir es sehr schön, dass er und seine drei Freunde Hananja, Misael und Asarja sich von den anderen ebenfalls in die Gefangenschaft geführten jungen Männern abhoben. Es wurden nach dem biblischen Text nicht nur diese vier Freunde nach Babylon weggeführt. Unter diesen Weggeführten sollte der oberste Kämmerer Aspenas nach bestimmten Merkmalen junge Männer auswählen (Daniel 1,3-4). Weiter lesen wir: *„Unter diesen waren Daniel …“* (Daniel 1,6). Die meisten fügten sich dem königlichen Speisegebot, aber Daniel und seine Freunde fürchteten Gott mehr als den König, obwohl sie noch jung waren. Ein sehr schönes Bild dafür, dass junge Menschen bereit sind, aus der Masse der Mitläufer herauszutreten um *„dem lebendigen und wahren Gott zu dienen“* (1. Thess. 1,9).

Wann kann man anfangen, dem Kind bewusst die Bibel vorzulesen? Kann dies nicht schon ab der Geburt geschehen? Wenn die Gesellschaft ab einem möglichst jungen Alter die Kinder für sich zu gewinnen sucht, sollten wir nicht mit einer möglichst frühen geistlichen Erziehung dagegenhalten? **Kommen wir mit der Vermittlung göttlicher Prinzipien nicht manches Mal zu spät, weil wir der Meinung sind, das Kind könne in dem jungen Alter vieles noch nicht verstehen und begreifen?** Dabei gilt für Gottes Wort: *„Denn es ist nicht ein vergebliches Wort an euch, sondern es ist euer Leben. […]“* (5. Mose 32,47)

Es wurde schon wiederholt darauf hingewiesen, dass das Wort Gottes in der biblisch fundierten Erziehung einen wesentlichen Stellenwert einnehmen sollte. Letztlich wird in einem gottesfürchtigen Erziehungsgespräch das Ziel mit Gottes Wort begründet, da Gottes Wort kraftvoller als jedes Menschenwort ist (Hebräer 4,12). Es ist gut, den Kindern Prinzipien zu erklären, aber dies sollte nicht nur mit der Vernunft, sondern mit dem Wort Gottes geschehen. Wenn ein Kind sich falsch verhalten hat oder wir dem Kind eine gute und segensbringende Verhaltensweise beibringen wollen, sollten wir uns bemühen, dies mit einem biblischen Wort oder Beispiel zu erklären. Wir dürfen hier aber nicht der Gefahr erliegen, nur die Dinge zu benennen oder von den Kindern einzufordern, welche buchstäblich in der Bibel benannt sind. Wir sind genauso aufgefordert, die Gedanken Gottes und in einer geheiligten Gesinnung die Prinzipien Gottes zu erkennen und zu übernehmen, um diese den Kindern zu vermitteln. Es ist vollkommen klar, dass wir von Kindern auch Dinge erwarten und einfordern dürfen, wenn sie nicht unmittelbar in der Bibel stehen.

Nach dem Willen Gottes wachsen Kinder Gottes durch ihre innige Beziehung zu ihrem geliebten Herrn hin und werden zu Meistern der Schrift. Manche bleiben jedoch in ihrer geistlichen Entwicklung stecken (Hebräer 5,12-14) und bleiben Kinder im Glauben (1. Korinther 3,1ff; vgl. auch 1. Korinther 14,20). Die Kinder haben die besten Wachstumsvoraussetzungen, wenn deren Eltern und Großeltern selbst in ihrer Beziehung zu Gott wachsen, im Heiligungsleben stehen und gottesfürchtig sind und leben (vgl. 5. Mose 6,2: *[...] du und deine Kinder und deine Kindeskinder [...]*).

Auch an dieser Stelle soll noch einmal an die Vorbildfunktion der Erwachsenen erinnert werden. Mose hatte ein gutes Vorbild, welches er in seinem Lied nach dem Untergang der Ägypter im Roten Meer besang. Es war sein Vater! Wir erfahren in der Heiligen Schrift nicht viel über Moses Eltern. Sie werden jedoch in Hebräer im Kapitel 11 als Glaubenshelden aufgeführt. Mose sang mit dem Volk folgendes: *„Das ist mein Gott, ich will Ihn preisen; er ist meines Vaters Gott, ich will Ihn erheben."* (2. Mose 15,2) Offensichtlich hat Amrams Glaube einen nachhaltigen Eindruck auf seinen Sohn Mose hinterlassen, obwohl er nur wenige Jahre zu Hause war. Später kann er sich an den Gott seines Vaters erinnern und glaubt Gott. Das Bekenntnis Moses ist für uns alle sehr ermutigend. Da wir über Moses Vater kaum etwas erfahren, hat er vermutlich im Volk Israel keine führende Rolle gespielt. Aber sein Glaube war so überwältigend, dass Gott ihn mit seiner Frau Jochebed in die Liste der Glaubenshelden aufgenommen hat. Nur die wenigstens unter uns haben „berühmte" Väter, die im Reich Gottes eine große Verantwortung haben. Dennoch können wir ein Leben aus dem Glauben führen. Genauso haben unsere Kinder eine hervorragende Möglichkeit, unabhängig von unserem eigenen sozialen oder gesellschaftlichen Stand oder unseren unterschiedlichen Diensten im Reich Gottes unseren echten Glauben zu erfahren und sich dadurch anspornen zu lassen, den Gott *„meines Vaters"* anzunehmen. Die Voraussetzung ist natürlich, dass wir einen lebendigen Glauben haben.

Uns ist sicher bewusst, dass die Anwesenheit wie auch die Abwesenheit des Wortes Gottes im Herzen des einzelnen Menschen wie auch in der Familie einen deutlichen Einfluss hinterlassen wird. Zeller schreibt: *„Man sehe nach in Häusern und Schulen, in welchen kein Wort Gottes mehr gelesen, gehört und betrachtet wird. Man wird erstaunen, welch ein Mangel an festen Grundsätzen, welch eine Haltlosigkeit in richtiger Beurteilung von Dingen der Zeit und der Ewigkeit einzureißen pflegt, wie wenig Gottesfurcht darin herrscht, wie sehr der Gehorsam und die Liebe gegen Gott abnimmt, und in dem Maße, wie der Sinn des Geistes und der wahre Gottesdienst daraus verschwindet, Weltsinn, Weltdienst und Eitelkeit weltlicher Lüste darin überhandnehmen."*[166] In der jüdischen Kultur war die Thora „der zentrale Gegenstand des Unterrichts."[167] „Nach dem Erlernen des Alphabets begann der Unterricht im Lesen mit Texten aus dem Buch Leviticus."[168] In der heutigen Zeit hat das Wort Gottes im Schulsystem leider einen nur sehr geringen Stellenwert, umso mehr haben wir die Aufgabe, bei den Kindern eine gottgewollte Grundlage zu legen.[169]

---

166 Zeller, Erziehung, S. 102.

167 Müller, Peter, S. 152.

168 Müller, Peter, S. 153.

169 Gerade deshalb ist es erfreulich, dass inzwischen in drei Bundesländern (Rheinland-Pfalz – ab 1979; Hessen – ab 2001; Nordrhein-Westfalen – ab 2015) unter bestimmten Bedingungen der bibelorientierte mennonitische Religionsunterricht an staatlichen Schulen durchgeführt werden kann.

SCHLUSS

Bei den Vorbereitungen dieses Buches wurde ich immer wieder von Geschwistern verschiedenen Alters ermutigt, dieses Werk zu Ende zu bringen. Mir ist meine eigene Unzulänglichkeit sehr bewusst, weshalb das Werk nicht vollkommen sein kann. Dennoch wird das Werk mit dem Gebet der Öffentlichkeit übergeben, dass Gott das in Schwachheit Geschriebene sowohl für den Leser als auch für seine Familie zum Segen werden lässt. Am Ende wird entscheidend sein, dass wir Gottes Wort als die Wahrheit ernst nehmen, den Willen Gottes in unserem Leben erfüllen und den uns nachfolgenden Generationen behilflich sind, den Weg zu Jesus Christus und einem Leben in Hingabe an Ihn zu finden. Wenn der Gedanke einer frühen geistlichen Prägung ernstgenommen würde, könnte mancher geistliche Schaden abgewendet werden. Aber nicht nur dies: Mancher Segen würde seinen Kindern und deren Kindern und Kindeskindern zusätzlich vom gnädigen Herrn gegeben werden. Möge Gott hierzu Gnade schenken.

Der Fragebogen im Anhang ist eine Arbeitshilfe für alle, die sich persönlich mit dieser Thematik auseinandersetzen möchten. Er ist bereits an einigen Stellen erprobt und hat die Fähigkeit, bei aufrichtiger Anwendung nicht nur geistlich herausfordernd, sondern auch anspornend zu sein und kann letztlich zum Segen werden. Manche Eltern, die diesen Fragebogen durchgearbeitet haben, haben sich entschieden, Änderungen ihres Erziehungsverhaltens vorzunehmen. Letztlich ist dieser Fragebogen kein Heilmittel, sondern nur eine Möglichkeit, seine Erziehung unter Gebet vor Gott zu prüfen. Denn nur dann wird sich Gott dem Suchenden zuwenden und Segen geben.

BENUTZTE LITERATUR

Bauer, Walter: Wörterbuch zum Neuen Testament. 6. Aufl.. Berlin, New York, DeGruyter, 1988

Biblische Glaubenslehre für Kinder (ohne Autor). Ein christlicher Wegbegleiter. Wetzlar, Edition ERB und Augustdorf, Betanien Verlag (ohne Jahresangabe).

Cloud, David: Den geliebten Großeltern meiner Kinder. Steffisburg, Nehemia Verlag, 2018.

Collins, Gary R. Vom Kind zum Erwachsenen. Psychologie der persönlichen Entwicklung. Witten, Bundes-Verlag. 1980.

Das müssen alle Kinder wissen (ohne Autor). Aus dem Russischen übersetzt. Gummersbach, Verlag Friedensstimme, 2013.

Dittmann, Jürgen: Spracherwerb des Kindes. Verlauf und Störungen. München, C.H. Beck Verlag, 2002

Frey, Ruth: Arbeit unter Kindern. Bielefeld, CMV Verlag 1997.

Gesenius, Wilhelm. Hebräisches und Aramäisches Handwörterbuch über das Alte Testament. 18. Aufl. Heidelberg, Springer Verlag, 2013.

Gibbs, Alfred. Wagnis Kinderevangelisation. Chancen und Gefahren missionarischer Arbeit – nicht nur – unter Kindern. Augustdorf, Betanien Verlag, 2019.

Götze, Hann K. Kinder brauchen Mütter. Die Risiken der Krippenbetreuung – Was Kinder wirklich stark macht. Graz, Ares Verlag, 2011.

Kröker, Jakob. Was will aus unseren Kindern werden? Buchhandlung Zillessen, Berlin 1903, bislang unveröffentlichte Abschrift von P. Enns

Kittel, Gerhard. Theologisches Wörterbuch zum Neuen Testament. Band V. Unveränderter Nachdruck. Stuttgart Berlin Köln, Verlag W. Kohlhammer, 1990.

Mack, Cornelia/Stricker, Friedhilde. Zum Leben erziehen. Kinder auf das Leben vorbereiten. Holzgerlingen, Hänssler Verlag, 2002.

Marcellino, Jerry. Der verlorene Schatz der Familienandacht. Die Wiederentdeckung des Gottesdienstes als Familie. Augustdorf, Betanien Verlag, 2006.

Menge-Güthling. Langenscheidts Großwörterbuch Altgriechisch-Deutsch, 28. Aufl. Berlin München, Langenscheidt, 1994.

Müller, Peter. In der Mitte der Gemeinde. Kinder im Neuen Testament. Neukirchen-Vluyn, Neukirchener Verlag, 1992.

Murray, Andreas. Familienleben in Christo. 4. Vermehrte Aufl. Kassel, Verlag von Ernst Röttger, 1891

Priolo, Lou. Kinderherzen lehren. Augustdorf, Bethanien Verlag, 2009

Rohrmann, Tim. Gender im Kontext der Arbeit mit Kindern in den ersten drei Lebensjahren. Verfügbar unter: http://www.kita-fachtexte.de/

(https://www.kita-fachtexte.de/fileadmin/Redaktion/Publikationen//FT_Rohrmann_OV.pdf.) Zugriff am 10.08.2019

Ryle, John Charles. Die Pflichten der Eltern. Grundregeln biblischer Erziehung. Augustdorf, Betanien Verlag, 2015.

Sievers, Eberhard. Kinder – unsere Freude. Hamm, Hoheneck-Verlag; Würzburg, J. W. Naumann Verlag; Linz, Veritas-Verlag; Stein am Rhein, Christiana-Verlag, 1977.

Spurgeon, Charles Haddon. Die Schatzkammer Davids. 4 Bände. Übersetzt von James Millard. Lizenzausgabe 1996 in 4 Bänden. Bielefeld, CLV, 1996.

Spurgeon, Charles Haddon. Weide meine Lämmer. Text von 1898. Bielefeld, CMV Verlag, 2001. Neuerdings auch als Download erhältlich: http://karker.de/download/vaeter/spurg/laemmer_spurg.pdf.

Taylor, Kenneth N. Er liebt die Kinder alle. Andachten für Kinder. Wuppertal, Verlag Sonne und Schild, 1962. Später erschienen unter dem Titel: Was Kinder von Gott wissen müssen. Wuppertal, R. Brockhaus. 1977.

Taylor, Kenneth N. Devotions or the Childrens Hour. Chicago, Moody Publishers Chicago, 1987.

Tripp, Tedd. Kinderherzen prägen. Biblisch orientierte Erziehung. Bern, Verein fröhliche Familien, 2019.

Volk, Axel. Wie prägen wir unsere Kinder? Ein biblischer Erziehungsansatz. Lychen, Daniel Verlag. 2018

Wahrig Deutsches Wörterbuch, Gütersloh, Bertelsmann Lexikon Verlag 1986.

Wölk, Gerhard. Seelsorge in der Sonntagsschule. Frankenthal, Verlag Hirtenstimme. 2016

Zeller, Christian Heinrich. Die Erziehung der Kinder für Zeit und Ewigkeit. 2. Aufl. Basel, Verlag Jaeger und Kober, 1893.

Zeller, Christian Heinrich. Kurze Seelenlehre gegründet auf Schrift und Erfahrung zum häuslichen und Schulgebrauche.3. Auflage. Calw, Vereinsbuchhandlung undStuttgart, J. F. Steinkopf. 1857

Internetveröffentlichungen (zuletzt abgerufen am 10.08.2019)

http://bibeltext.com

https://www.die-linke-thueringen.de/fileadmin/LV_Thueringen/dokumente/r2g-koalitionsvertrag-final.pdf.

http://www.kindergartenpaedagogik.de/2175.html

Namenskonkordanz: https://www.bibelkommentare.de/index.php?page=dict&show=conc&letter=n (26.05.2019)

https://www.das.de/de/rechtsportal/rechtsfrage-des-tages/1/muss-mein-kind-in-die-kita.aspx (Abruf am 06.08.2019)

Abkürzungen und Begriffserläuterungen

AT	= Altes Testament
ELB	= revidierte Elberfelder-Übersetzung
grch.	= griechisch
hebr.	= hebräisch
idem	= das Gleiche, das Selbe
NT	= Neues Testament
SL 2000	= Schlachter-Übersetzung 2000
usw.	= und so weiter
vgl.	= vergleiche

Substantiv	= Hauptwort
Verb, Prädikat	= Tätigkeitswort

Erwähnte Bibelstellen

ANHANG (FRAGEBOGEN)

Der Fragebogen soll vorrangig einen Denkprozess über die frühe geistliche Erziehung auslösen und zum Nachdenken, Beten und zur entschlossenen Erziehung der Kinder schon ab einem sehr frühen Alter anspornen. Um Veränderungen der Denkweise erkennen zu können, sollte der Bogen einmal vor dem Lesen, das andere Mal nach dem Lesen des Buches ausgefüllt werden.

Die Fragebögen können beim Verlag gesammelt und zur Auswertung an den Autor geschickt werden. In Kooperation mit einer Bibelschule sollen die Antwortbögen anonymisiert ausgewertet werden. Möglicherweise ergeben sich dadurch neue Hinweise auf geistliche Felder, welche weiter bearbeitet werden sollten.

Da an keiner Stelle persönliche Daten wie Name oder Wohnort erfasst werden, sollte dies für den Datenschutz genügen. Mit der Abgabe der Fragebögen zur Auswertung erklärt sich der Ausfüllende zugleich einverstanden, die Daten auswerten zu lassen.

Die Fragebögen können gerne kopiert werden.

Fragebogen zur Erfassung der Denkweise in Bezug auf die geistliche Erziehung in christlichen Familien und zur Förderung derselben

(Bei Platzmangel können weitere Zettel benutzt und angeheftet werden.)

Das Ausfüllen dieses Fragebogens dauert etwa 60 bis 80 Minuten.

Bitte füllen Sie den Fragebogen für sich persönlich gewissenhaft aus, damit er Ihnen eine Hilfe sein kann. Falls der Platz nicht ausreicht, können Sie zusätzliche Blätter hinzufügen.

Sollte bei manchen Fragen die Erinnerung an frühere Kinder verblasst sein, so genügt es, die Frage hinsichtlich des letzten Kindes zu beantworten. Sollte davon abgewichen werden, wäre es gut, dies kenntlich zu machen und zu benennen, welches Kind es war. Das könnte insbesondere dann von Bedeutung sein, wenn man selbst zwischen den Kindern deutliche Unterschiede bemerkt.

Allgemeine Fragen

Datum ______

1. Alter der Eltern (Zutreffendes bitte ankreuzen):

	20-25 Jahre	26-30 Jahre	31-35 Jahre	36-40 Jahre	41-50 Jahre	51-60 Jahre	Ab 61 Jahre
Alter des Vaters	❐	❐	❐	❐	❐	❐	❐
Alter der Mutter	❐	❐	❐	❐	❐	❐	❐

2. Jahr der Heirat: ______

3a. Anzahl der Kinder: ______

3b. Alter der Kinder: ______

4. Welche Ziele haben Sie für das Leben Ihrer Kinder? Führen Sie mindestens drei Ziele in der Reihenfolge Ihrer Priorität auf.

a. ______

b. ______

c. ______

d. ______

	Alter des Kindes		Begründung, Beispielsituation
	Jahr(e)	Monat(e)	
Entwicklung			
5. Ab welchem Alter kann ein Kind Ihrer Meinung nach Signale aus der Umgebung aufnehmen?			
6. Ab welchem Alter kann ein Kind Ihrer Meinung nach von der Umgebung beeinflusst werden?			

	Erstes Kind		Letztes Kind		Begründung, Beispielsituation
	Jahr(e)	Monat(e)	Jahr(e)	Monat(e)	
Entwicklung					
7. Wie alt war Ihr Kind, als Sie anfingen, bewusst mit diesem zu sprechen?					
8. Wie alt war Ihr Kind, als Sie anfingen, es bei der motorischen Entwicklung (Drehen, Sitzen, Laufen) zu unterstützen?					
9. Wie alt war Ihr Kind, als Sie anfingen, Ihm Kinderbücher (egal welche) vorzulesen?					
Wissen Sie noch, welches Buch es war? Notieren Sie es.					
10. Wie alt war ihr Kind, als Sie Ihm bewusst das erste Lied vorgesungen haben?					
Wissen Sie noch, welches Lied es war? Notieren Sie es.					
11. Welches Lied war das Erste, welches Sie bewusst mit Ihrem Kind eingeübt haben?					
Wissen Sie noch, welches Lied es war? Notieren Sie es.					
12. Wie alt war Ihr Kind, als Sie den Eindruck hatten, dass es beginnt, alltägliche Dinge, Zusammenhänge oder Abläufe zu begreifen (z.B. Lichtschalter – Licht, Schlüssel als Haustüröffner usw.)?					

13. Nach welchen Kriterien haben Sie die Namen Ihrer Kinder ausgewählt?

Spezifische Fragen

	Alter des Kindes		Begründung, Beispielsituation
	Jahr(e)	Monat(e)	
Geistliche Zusammenhänge			
14. Ab welchem Alter macht es Ihrer Meinung nach Sinn, einem Kind das Weihnachts- oder Auferstehungsgeschehen direkt aus der Bibel vorzulesen?			
15. Ab welchem Alter kann Ihrer Meinung nach ein Kind die Grundzüge der Bekehrung verstehen?			
16. Ab welchem Alter ist Ihrer Meinung nach eine echte Bekehrung möglich?			
17. Ab welchem Alter kann Ihrer Meinung nach ein Kind die Grundzüge des Abendmahls verstehen?			

	Erstes Kind		Letztes Kind		Begründung, Beispielsituation
	Jahr(e)	Monat(e)	Jahr(e)	Monat(e)	
Gebet					
18. Wie alt war Ihr erstes und Ihr letztes Kind, als Sie das erste Mal bewusst für dieses Kind gebetet haben?					
19. Wie alt war Ihr Kind, als Sie begannen, mit Ihm zu beten?					

20. Haben Sie schon für Ihre Nachkommen gebetet, obwohl von ihnen noch nichts bekannt war oder ist? Begründen Sie.

___

___

___

	Erstes Kind		Letztes Kind		Begründung, Beispiel-situation
	Jahr(e)	Monat(e)	Jahr(e)	Monat(e)	
Gottes Wort in Wort und Lied					
21. Wie alt war Ihr Kind, als Sie anfingen, Ihm biblische Berichte aus einer Kinderbibel vorzulesen?					
22. Wie alt war Ihr Kind, als Sie begannen, Ihm bewusst die Bibel vorzulesen?					
23. Wie alt war Ihr Kind, als Sie anfingen, mit ihm Bibelverse zu lernen?					
Welcher Bibelvers war der Erste, bei dem Sie Ihrem Kind bewusst geholfen haben, diesen auswendig zu lernen? Notieren Sie ihn.					
24. Wie alt war Ihr Kind, als sie mit ihm bewusst das erste geistliche Lied gesungen haben?					
Welches geistliche Lied war das Erste, welches sie bewusst mit Ihrem Kind (jüngstes Kind) gesungen und eingeübt haben?					
Geistliche Zusammenhänge					
25. Wie alt war Ihr Kind in etwa, als Sie erstmals mit Ihm in einem persönlichen Gespräch über die Notwendigkeit der Bekehrung gesprochen haben?					

26. Beeinflusst die Häufigkeit der Gottesdienstbesuche und Ihre persönliche Einstellung dazu (z.B. Pflicht oder Freude) das Denken der Kinder?

a. Wenn ja, inwiefern? ______________________________

____

____

27. Macht sich die Herzenseinstellung der Eltern zur lokalen Gemeinde (Ortsgemeinde) bei den Kindern bemerkbar?

a. Wenn ja, erläutern Sie bitte diesen Gedanken. ____________________

____

28. An wie vielen Tagen der Woche lesen sie selbst für sich persönlich die Bibel?

Vater: ________ Tage   Mutter: _______ Tage

29. Pflegen Sie regelmäßig die Familienandachten? An wie vielen bzw. an welchen Tagen der Woche findet sie statt?

Montag	**Dienstag**	**Mittwoch**	**Donnerstag**	**Freitag**	**Samstag**	**Sonntag**
☐ Ja	☐ Ja	☐ Ja	☐ Ja	☐ Ja	☐ Ja	☐ Ja

a. Was ist der Inhalt Ihrer Familienandachten? (Kreuzen Sie entsprechend an und erläutern Sie.)

	Ja	**Noch nicht**	**Begründung, Beispielsituation**
Wird etwas aus der Bibel oder einem Andachtsbuch vorgelesen?	☐	☐	☐ Bibel ☐ Andachtsbuch
Wird das Gelesene erklärt und praktisch angewandt?	☐	☐	
Gibt es einen persönlichen Austausch innerhalb der Familie?	☐	☐	
Werden Fragen an die Kinder oder an die Eltern gestellt?	☐	☐	
Werden bei den Andachten geistliche Lieder gesungen?	☐	☐	
Sonstiges, und zwar:	☐	☐	

b. Wer führt die Familienandachten überwiegend durch?

____

c. Sind die meisten Familienmitglieder bei den Familienandachten dabei?

____

d. Welche Gründe würden Sie für das Auslassen oder das Wegbleiben von der Familienandacht akzeptieren? ______________________________

____

30. Welche geistlichen Ziele haben Sie für das Leben Ihrer Kinder?

____

____

____

____

____

31. Besuchen Sie die Gottesdienste am Sonntagvormittag regelmäßig (Angabe bitte in Prozent schätzen)?

[ ] %

32. Besuchen Sie die Gottesdienste am Sonntagnachmittag regelmäßig (Angabe bitte in Prozent schätzen)?

[ ] %

33. Besuchen Sie die Bibelstunde regelmäßig (Angabe bitte in Prozent schätzen)?

[ ] %

34. Besuchen Sie die Gebetsstunde regelmäßig (Angabe bitte in Prozent schätzen)?

[ ] %

35. **Fragen an den Vater:**

Üben Sie regelmäßig während der Bibel- oder Gebetsstunden eine Berufstätigkeit aus?

a. Wenn ja, welche Gründe:

- ❒ Wechselschicht
- ❒ zusätzliche (Teil-)Arbeitsstelle
- ❒ Selbständigkeit,
- ❒ Anderer Grund, und zwar: ______________________________

b. Können Sie sich eine andere Arbeitszeit vorstellen, falls der Betrieb es zulässt? ______________________________

____

c. Können Sie sich eine andere Arbeitsstelle vorstellen, falls ein Wechsel für den Gottesdienstbesuch günstigeren Arbeitszeiten möglich machen würde? ______________________________

____

d. Wären Sie bereit, dafür maßvolle Lohneinbußen in Kauf zu nehmen?

____

36. **Fragen an die Mutter:**

Üben Sie während der Bibel- oder Gebetsstunden eine Berufstätigkeit aus?

a. Wenn ja, welche Gründe:

- ❒ Wechselschicht
- ❒ zusätzliche (Teil-)Arbeitsstelle
- ❒ Selbständigkeit,
- ❒ Anderer Grund, und zwar: ______________________________

b. Wenn Sie diese Tätigkeit ausüben, weshalb gehen Sie **als Mutter** dieser Tätigkeit nach? ______________________________

____

____

37. Macht es Ihrer Meinung nach Sinn, wenn das Kleinkind im Gottesdienst dabei ist, und dort im Kinderwagen oder auf dem Schoß der Eltern schläft? Erläutern Sie bitte. ______________________________

____

____

____

38. Gibt es gute Gewohnheiten in Ihrer Familie, die Sie weiterempfehlen würden? Notieren Sie diese. ______________________________

____

____

____

____

____